DANI MARÍN

DISEÑA TU PROPÓSITO

PATMOS

CINCO PASOS PARA DARLE FORMA AL LEGADO QUE DIOS PENSÓ PARA TI

Diseña tu propósito: Cinco pasos para darle forma al legado que Dios pensó para ti

Publicado por Editorial Patmos,
Miami, FL. 33169

Edición por Grupo Scribere

Diseño de portada e interior por Adrián Romano

ISBN: 978-1-64691-164-6

Categoría: Vida cristiana / Crecimiento espiritual

Impreso en Colombia | *Printed in Colombia*

Dedicatoria:

Para papi y mami: gracias por equiparme para mucho más que soñar.

Para Maritza: tu amor es mucho más de lo que soñé.

CONTENIDO

DESCARGA RECURSOS

Para diseñar tu propósito vas a necesitar mucho más que leer. La verdad es que este libro cuenta con tu participación. Por eso he preparado un repositorio de recursos que iremos usando a lo largo del libro. Varios de estos recursos son para imprimir y descargar, además, incluye videos donde puedes ver más a fondo algunas ideas y ejercicios que puedes hacer por tu cuenta o en grupo.

Escanea el siguiente código con tu celular y podrás ir directo a los recursos. Te recomiendo que visites de vez en cuando este banco de recursos porque iré incluyendo material de cosas chéveres que puedes usar.

INTRODUCCIÓN

VIVIR ES MUCHO MÁS QUE EXISTIR

La primera vez que remé en kayak tenía 13 años. La compañía para la que trabajaba mi papá hizo una fiesta corporativa en una isla privada que estaba suplida con todo lo que necesitábamos para una diversión playera, desde vóleibol playero hasta pesca y, claro, kayaks.

Mi hermana y yo tomamos una clase de remo en kayak donde nos daban un paseo frente a la playa. Nosotros no éramos necesariamente fanáticos de los kayaks, pero era para lo único que nuestros padres nos dieron permiso; sin embargo, mi hermana quería correr en moto acuática.

Ella iba en un kayak compartido con el instructor, mientras que yo iba en un kayak solo. Me encantaría decirte que yo era bien intrépido y que sabía que podía manejarlo solo, pero la realidad es que mi hermana pidió el kayak con el instructor y a mí me tocó el kayak individual. Ella tenía un plan: ir en la parte de atrás y dejar que el instructor hiciera todo el trabajo. A mí me tocaba seguirlos de cerca, y no niego que se sentía chévere ir solo en un kayak. Me sentía independiente al domar las aguas en un bote de plástico y un palo con dos espátulas gigantes a los extremos.

En pocos minutos, luego de empezar el paseo, me di cuenta de dos cosas que debí haber sabido antes de aceptar usar un kayak individual. Primero, la isla donde estábamos tenía corrientes marinas y una marea fuerte. Si uno no se cuidaba, la marea te arrastraba lejos de la costa. Mientras más lejos de la costa te llevaban las aguas, más difícil era regresar a la orilla. Lo otro que aprendí era que remar es un ejercicio fuerte, más aún cuando tienes que hacer doble esfuerzo para resistir la marea. Cuando pesas 44 k, en su mayoría huesos y sueños, tus fuerzas se drenan más rápido. En menos de 10 minutos mis brazos hicieron huelga y mi kayak empezó a separarse de la costa. El pánico comenzó a crecer cuando me di cuenta de que por más que luchara, no tenía control de dónde iba. Ahora, el mar decidía mi rumbo y yo estaba atrapado en él.

Eventualmente, el instructor me ayudó a alinear mi kayak hacia la playa y mis brazos recobraron fuerzas para salir de la corriente. Pero ese día aprendí que flotar a la deriva no es lo mismo que navegar. Sí, en ambos casos estoy sobre el agua, pero no es lo mismo flotar sin rumbo que trazar una ruta e intencionalmente llegar al otro lado.

Lo que aprendí en el kayak describe muy bien el principio que impulsa este libro: vivir es mucho más que existir. Sí, así sea que vivas o simplemente existas, consumimos oxígeno y despedimos un día para recibir el próximo. Sin embargo, no es lo mismo ver tus días pasar que aprovecharlos para crecer un poco más cada día y darle significado a nuestra jornada en la tierra.

La diferencia entre vivir y existir es como ver dos películas donde una se enfoca en contar una buena historia y la otra tira una mezcla de explosiones y mujeres en bikini para hacer par de pesos. Sientes que, con la primera película, valió la pena las dos horas de tu vida y genera conversaciones semanas después de verla. Pero la segunda película te quitó dos horas de vida sin devolverte mucho a cambio. Nuestras vidas pueden contar una buena historia, o resumirse en sobrevivir hasta el viernes más cercano.

Todos queremos que nuestra vida aporte a algo significante y que nos sintamos importantes. En algún momento todos anhelamos que nuestra vida tenga trascendencia. Esto se logra viviendo intencionalmente. Vivir a la deriva cada día, sobreviviendo al arrastre de las horas como la marea que halaba mi kayak, es la fórmula para vidas estancadas, donde levantarse cada mañana es una tortura.

Cuando era pequeño, mi abuela tenía un vecino a quien llamábamos, «el Bolo». Mi único recuerdo del Bolo era que desde las 3 de la tarde él se sentaba borracho en su balcón a hablar solo, alababa su supuesta fuerza y maldecía a todas las personas que le pasaran por la mente.

Un día, mi familia y yo, estábamos en casa de mi abuela cuando sonó el teléfono. Mi mamá contestó el teléfono, dio las gracias y enganchó. Luego de colgar la llamada, mi mamá se volteó a nosotros y dijo en voz alta para que todos la oigan: «Se murió el Bolo». Todos nosotros, casi a coro, soltamos un «Ay bendito» y sin dedicarle más pensamiento volvimos a lo que cada uno estaba haciendo. Desde mi punto de vista, la muerte del Bolo fue para muchos como una gota que cae en el océano… no hizo mucha diferencia.

Desde ese día me preguntaba, cuándo yo muera, ¿importará? ¿Alguien llorará por mí, o todo el mundo soltará un simple «Ay bendito»?

Mi objetivo con este libro es que, de la misma forma en que mi instructor me guio hacia la costa para que pudiera remar, tú puedas ser guiado por Dios para que puedas darle forma a tu vida; que tenga significado, y haga la diferencia en la vida de otros. De esa manera, cuando mueras, serán más los que lloran por ti que los que digan: «Ay bendito».

A lo largo de los años, mientras buscaba cómo se vive una vida con propósito, llegué a la siguiente conclusión (la que exploraré contigo a lo largo de estas páginas): **No hay que descubrir o esperar tu propósito, solo tienes que diseñarlo con acción y poner el lápiz sobre el papel.**

Dicho sea de paso, esta idea será la estructura que vamos a usar en este libro para determinar los pasos para diseñar nuestro propósito.

Parte uno: no hay que descubrir o esperar tu propósito.

En esta parte vamos a desmentir las ideas que hemos oído por años sobre el propósito. Quiero ayudarte a eliminar la ansiedad y la culpa que asociamos con la idea de encontrar propósito y lo que realmente significa vivir vidas significativas, o como yo le llamo: «Vivir a propósito». Mi meta es que puedas tener claridad y libertad. Imagina ser libre de la ansiedad de pensar que tu propósito nunca te va a encontrar. Al final de esta parte vas a tener una idea tan clara de lo que es y lo que no es tu propósito que tendrás la libertad de enfocarte solo en las cosas que son importantes para ti. Por fin podrás decir NO a invitaciones infructuosas sin miedo a perder la oportunidad de encontrar tu propósito.

Parte dos: solo tienes que diseñarlo.

Una vez que estés libre de las falsas definiciones de lo que es vivir con propósito, serás libre de diseñar una vida con propósito. En esta parte uno todos los métodos que he estudiado sobre planificación de vida y los junto con mi experiencia diseñando sistemas y algoritmos como ingeniero de *software* para compartir contigo un sistema para planificar tu vida alrededor de tu propósito.

Mientras le damos forma a cómo podemos vivir a propósito, iremos completando una plantilla que te ayudará a visualizar mejor tus decisiones. En algunos capítulos te voy a retar con preguntas y ejercicios que debes hacer para meditar, organizar y planificar las decisiones que le darán propósito a tu vida.

Parte tres: con acción + lápiz y papel.

Mientras desempacamos cada parte de esta idea te invito a que mantengas cerca tu libreta favorita. Tu libreta va a ser tu mejor amigo en este camino que vamos a recorrer juntos, porque te va a ayudar a pensar y a ver mejor el sistema de diseño de propósito que te voy a enseñar en este libro. En esta parte te voy a compartir ejercicios y hábitos prácticos para convertir el diseño que hagamos en la parte dos de este libro, en un plan concreto con acciones puntuales que te ayudarán a cristalizar la vida que anhelas tener.

Nos espera un camino hermoso juntos. Lo que más me entusiasma es saber que lo que leerás en este libro traerá libertad a tu vida. Para muchos, la idea de encontrar un propósito exacerba su estrés porque ven el propósito como un misterio que no saben cómo resolver. Eso trae ideas erróneas sobre lo que es el éxito y lo que es nuestro destino, y nos hace caer en la trampa de la comparación. En este libro, vamos a romper el mito del propósito misterioso y comenzaremos a trazar, junto a Dios, una ruta para que diseñes una vida significativa alrededor de las cosas que son realmente importantes para ti.

¿Suena bien? Pues, ¡comencemos!

PARTE 1

TU PROPÓSITO, NO TIENES QUE ENCONTRARLO NI ESPERARLO

CAPÍTULO 1

1-2-3 PESCAO'

Yo he notado algo bien curioso sobre nosotros los latinoamericanos, tenemos muchas costumbres en común, pero no nos damos cuenta porque cada país las nombra de maneras distintas. Hay un juego con el que crecimos muchos puertorriqueños, por lo menos hasta mi generación, porque hoy en día los niños no quieren salir a jugar. El nombre del juego es 1-2-3 pescao'.

La premisa de 1-2-3 pescao' es bastante sencilla. Un niño, que llamaremos el contador, está en un extremo y el resto de los jugadores están en otro extremo. Entre el contador y el resto de los jugadores hay un espacio de varios metros de distancia. Cada vez que el contador les da la espalda a los jugadores para contar «1-2-3 pescao'», los jugadores deben adelantarse uno o dos pasos para cerrar la distancia entre ellos y el contador. Cuando el contador termina de recitar el coro y se voltea a los jugadores, todos deben paralizarse hasta que el contador se voltee de nuevo. Si el contador ve a uno de los jugadores moverse, el contador le grita «pa' la cola» y el jugador debe volver hasta el final y comenzar desde cero.

A mí no me gustaba cuando mi vecino Rubén jugaba con nosotros porque siempre me hacía perder e irme a la cola. Rubén tenía manierismos bien particulares que él exageraba en el juego para hacernos reír... y reír era algo que se me hacía bien difícil de contener. Cada vez que el contador terminaba de contar 1-2-3 pescao', Rubén aterrizaba con una pose chistosa y yo ni siquiera esperaba a que me mandaran a la cola; yo me iba solito... frustrado, pero muerto de la risa.

La vida me ha enviado a «la cola» en varias ocasiones. He tenido que comenzar desde cero más de una vez porque, desde mi punto de vista, yo quería encontrar mi propósito, y la vida que me había tocado vivir no se parecía al propósito que yo buscaba.

Para ser honesto, tengo que confesar que gran parte de mi vida me dediqué a hacer lo que «se supone que tengo que hacer». Para muchos de nosotros, ese término ha sido el tambor que ha dictado el ritmo de nuestras vidas por años. Vivimos cumpliendo las expectativas que muchos tienen de nosotros. Cuando vivimos haciendo «lo que se supone que tengo que hacer», cada logro no es más que un tachón en la enorme lista de cosas que se supone que debamos cumplir para poder decir que estamos ganando en la vida: estudia una carrera rentable, consigue un trabajo lucrativo, sube los escalones corporativos para que tengas un buen salario, cásate con la persona que cumpla con otra lista de requisitos y métete en deudas para comprar cosas que demuestran que eres exitoso.

Cuando entré a la universidad, yo quería estudiar diseño gráfico o comunicaciones, pero estudié ingeniería de computadoras porque era la carrera que mis padres estaban dispuestos a financiar. La verdad es que yo quería que estuvieran orgullosos de mí. Esos años fueron súper cuesta arriba porque me sentía tan fuera de lugar y nunca sentí mucho interés por la carrera. Pero finalmente me gradué y comencé a trabajar. De momento tenía el carro, el sueldo, la casa y la pareja. Había cumplido con todas las cosas que se suponía que debía tener, pero aún estaba esperando encontrar mi propósito, o mejor aún, que mi propósito me encuentre a mí.

Comencé a dedicarle mucho tiempo a hacer arte y humor porque dentro de mí había un deseo de escapar de la ingeniería. Cuando por fin tuve la oportunidad de hacer una carrera creativa a mis términos, terminé sin el salario, sin la casa y sin la pareja. La vida me gritó «para la cola», pero al menos no había quien me detuviera de escapar de la ingeniería y descubrir mi propósito en otra carrera, o al menos así pensaba.

En el 2017 comencé a dedicarme a tiempo completo como conferencista. El dinero que devengaba inicialmente no se comparaba con lo que solía ganar como ingeniero, pero me encantaba lo que hacía. Mi visión era que, cuando lograra igualar mi salario anterior, podía demostrar que había encontrado mi propósito. Pero el huracán María llegó y me dañó todos los planes. Nuevamente la vida me gritó «¡pa' la cola!». De momento me vi comenzando desde cero, esta vez sin la carrera como conferencista, sin propósito, sin mi familia, sin mis amigos y sin mi país porque terminé varado en Orlando, Florida. ¿Varado? Sí, varado. En el capítulo tres, te cuento más detalles.

Los primeros meses en Orlando fueron muy dolorosos. Por un momento pensaba que mi búsqueda del propósito comenzaba a dar frutos, pero nuevamente me veía comenzando desde cero, con mil preguntas, y lo peor —al menos en mi mente en aquel momento—, para poder acomodarme en mi nueva ciudad, regresé a trabajar como ingeniero.

Por unos meses, me invadió una tristeza profunda. ¿Será que nunca iba a encontrar mi propósito? ¿Será que mi vida se iba a resumir en una carrera que no me apasiona y regresar a mi casa a entumecerme con el televisor hasta que sea hora de dormir?

Pero lo bueno de verte solo en un país que no es el tuyo es que no hay mucho espacio para las distracciones. Dios crece en esos espacios sin distracciones, porque, si se los permites, sacarán a la superficie las ideas y actitudes que te separan de su diseño para tu vida. En ese tiempo de tristeza y soledad, por medio de libros, personas y su Palabra, Dios me enseñó que mis ideas sobre lo que es propósito estaban bien equivocadas.

El proceso de descubrimiento fue muy interesante. Dios me llevó a definir lo que significaba para mí el concepto de encontrar mi propósito. Luego de pensarlo unos días terminé generando una lista pequeña de lo que, para mí, era sinónimo de encontrar propósito: trabajo que me apasione, éxito e influenciar a muchos. Por cada idea en mi lista, Dios se encargó de desmentirla una por una.

PROPÓSITO NO ES TRABAJO

Lo primero que yo definí como propósito era tener un trabajo que me apasione, me haga sentir realizado (y me pague bien, claro). Desde pequeño me enseñaron que tenía que buscar un trabajo estable que me diera seguridad y al que le dedicara las horas más productivas de mi vida por los próximos 30 años. Mi familia me decía que debía escoger una buena carrera porque mi trabajo iba a definir gran parte de mi vida adulta.

Muchas generaciones vivieron bajo esa idea. ¿Pero qué pasa cuando no te gusta la identidad que te asigna tu trabajo? ¿Qué haces cuando aceptas la identidad que te ofrece tu trabajo y luego pierdes tu trabajo? En estos tiempos que vivimos, un «trabajo seguro» es de las cosas más volátiles que existen.

Es cierto que el trabajo es honra. Pero el trabajo es una herramienta de provisión de parte de Dios y también una oportunidad para glorificar a Dios y añadir valor a otros; no se supone que sea tu identidad. Tu valor no se limita a la carrera que escojas. Tú ya tienes valor. Tu carrera solo maximiza tu potencial y tus oportunidades. Es más, muchas veces la única conexión entre tu empleo y tu propósito es cuando tu trabajo ayuda a financiar tus sueños, como es mi caso.

Es posible que en tu vida te veas cambiando el tipo de trabajo o industria que tengas que ejercer. Quizás tengas que comenzar de nuevo en repetidas ocasiones, pero no importa el trabajo que tengas que ejercer, hazlo con dedicación y excelencia porque eres libre de escoger dar lo mejor de ti para añadir valor a los demás, no porque tu trabajo define tu identidad.

Tu trabajo puede ser una pieza importante de tu propósito, pero nunca fue hecho para que defina todo tu propósito y tu identidad.

PROPÓSITO NO ES ÉXITO

Éxito es un concepto bastante escurridizo. Lo que muchos llamamos éxito es una idea construida por la sociedad, en especial los medios y ahora los llamados «influencers» en las redes sociales. Las medidas de éxito hoy en día se resumen en dinero, estatus y cuantos «me gusta» recibes en las redes o cuantas cosas gratis te ofrecen por acceso a tus «seguidores».

Es irónico porque muchas de las personas que consideramos exitosas son las que nos dan la impresión de ser libres de las cosas que usualmente nos agobian. Parecen ser libres de un horario de trabajo castrante de 8 a. m. a 5 p. m. Parecen ser libres de límites de presupuesto que nos frenan de tener y hacer todo lo que quisiéramos. Parecen ser libres de carreras cotidianas por hacer cosas que les causan alegría a ellos y a otros. No es hasta que miramos con la lupa de la objetividad que comenzamos a abrir los ojos a la realidad de que la búsqueda de dinero y el estatus nos hacen esclavos en lugar de ser libres.

Uno de mis documentales favoritos en Netflix se llama «El último baile», que narra la historia del astro de la NBA, Michael Jordan, y los Bulls de Chicago en cara a su último campeonato en 1998. Recordemos que la década de 1990 le pertenecía a Michael Jordan. Si había alguien que representara la imagen de éxito era Michael Jordan. En una escena del documental, Jordan se baja del autobús en medio de una multitud y junto a un equipo de seguridad se abre paso entre fanáticos y reporteros hasta llegar a su cuarto de hotel. Una vez dentro de su habitación no podía salir hasta que sea momento de jugar. En esa escena, Jordan lamentaba que su fama y la imagen que habían creado para él no le permitía caminar junto a sus amigos en las calles o cometer un error sin que sea noticia de última plana.

El éxito definido como dinero e influencia es el resultado de hacer algo que impacte a las personas, pero no es sinónimo de propósito. De hecho, en ingeniería de sistemas definimos que un *software* es exitoso cuando pasa todos los marcadores que indican que la aplicación cumple con el propósito para la que fue diseñada.

El propósito no es alcanzar el éxito que dicta la sociedad, es al revés, podemos decir que vivimos una vida exitosa cuando sentimos que lo que hacemos con nuestros días aporta a nuestro propósito.

EL PROPÓSITO NO TIENE QUE SER VIRAL

Por mucho tiempo pensé que el propósito debe ser algo masivo y épico. Pero no soy el único. Cuando pensamos en propósito, pensamos en un Steve Jobs que cambió la forma en que usamos la tecnología. De hecho, gran parte de este libro lo escribí con mi iPhone. Cuando pensamos en el propósito es fácil pensar en un Moisés que liberó a millones de personas de la esclavitud y los trasladó por un desierto hasta la tierra prometida.

Cuando muchos pensamos en propósito, no pensamos en personas como Rosa Córdova, aunque mi hermana, mis primos y yo la conocemos bajo el nombre «Abuela». En la década de 1960 mis abuelos y sus tres hijos vivían en un barrio rural del pueblo de Corozal, en Puerto Rico. Allí, mi abuela oraba por un cambio para su familia.

No era fácil ser una joven madre en esos tiempos en los barrios de Puerto Rico. Mi abuelo vivía el típico estilo de vida de los hombres de aquella época, ganaba lo necesario para darle de comer a su familia y el resto lo usaba para tomar y fiestas. Mientras tanto, mi abuela tenía que tolerar las andanzas de mi abuelo mientras cuidaba que sus hijos no se metieran en líos.

En respuesta a sus oraciones, Dios le dio una meta a mi abuela: mudarse a la ciudad para que sus hijos tuvieran un estilo de vida más progresista, mejor educación y un cambio de vida para mi abuelo.

El problema es que mi abuelo no ganaba lo suficiente como para comprar una casa en la ciudad y sostener una familia en los suburbios. Pero mi abuela tenía una meta de parte de Dios y tenía puesta su mirada en su nuevo propósito: darle a su familia un mejor estilo de vida y la oportunidad de un mejor futuro. Así que ella se dedicó a emprender y vendió sus servicios de costura. Con su trabajo atrajo clienta tras clienta y generó lo necesario para comprar una casa en la ciudad, educar a sus hijos y ayudar a mi abuelo a conseguir un mejor empleo.

Pero el resultado más grande que causó el propósito que abrazó mi abuela es que toda su familia conoció a Jesús. Y no solo sus hijos, sino también sus nietos, incluyéndome a mí. Me atrevería a decir que el propósito que abrazó mi abuela causó que tengas este libro en tus manos.

Un propósito no tiene que ser extravagante ni estar cubierto con miles de medios para darle trascendencia a tu vida. No menosprecies la forma que tome el propósito de tu vida. Lo que para unos parece insignificante o cotidiano, para Dios tiene resultados enormes.

Lo que todas mis ideas limitadas sobre lo que es propósito tienen en común es que todas estas cosas son efímeras. Un propósito que traiga plenitud a tu vida no puede basarse en algo que hoy está y mañana se desaparece. Tu propósito debe sostenerse sobre una roca firme que resista los embates de la vida.

> *Y este mundo se acaba junto con todo lo que la gente tanto desea; pero el que hace lo que a Dios le agrada vivirá para siempre* (1 Juan 2:17).

Mientras me fui dando cuenta de que ningún trabajo, salario o estatus iban a darme el propósito que anhelaba, comencé a preguntarle a Dios cómo debía descubrir mi propósito. Mientras más leía y más buscaba pude encontrar mi respuesta… y te tengo buenas noticias: no hay que descubrir ni encontrar el propósito porque nuestro propósito ya está dado. ¿Qué te parece si rompemos el misterio de una vez por todas?

CAPÍTULO 2

SE ACABÓ EL MISTERIO

Tu propósito no es un misterio. Nunca lo ha sido. O al menos no parece ser la intención de Dios que tu propósito sea un misterio. Tu propósito no es un plan maestro que Dios escondió debajo de alguna piedra con la intención de que lo encuentres para comprobar tu valor. No tiene sentido lanzar a las personas a este mundo y decirles: «Tu vida será miserable, a menos que descubras tu propósito»; sin embargo, muchas personas viven con esa ansiedad.

El problema de pensar que debemos descubrir ese misterioso plan maestro para nuestras vidas es que el miedo a equivocarnos nos paraliza. Pensamos y repensamos cada decisión hasta que ocurre una de dos cosas: no hacemos nada y nos quedamos con la eterna duda de qué pudimos haber hecho con nuestra vida; o aceptamos hacer todo lo que nos pongan de frente por miedo a perdernos la oportunidad de encontrar nuestro propósito y terminamos agobiados y sin dirección. La ironía más grande es que el miedo a perder el tiempo nos hace perder tiempo mientras esperamos una señal de que nuestro propósito se avecina.

La vida entera está llena de errores, frustraciones, miles de ideas sin terminar y momentos de aprendizaje; y lo triste es que cuando miramos estas cosas pensamos que no somos buenos en este juego de encontrar nuestro propósito y llegamos a la conclusión de que nunca podremos vivir una vida con significado. Lo menos que necesitas es más razones para sentir culpa y sentirte como un fracaso. Así como me sentí a mis 34 años de vida: renunciando a una carrera que no me interesaba, divorciado, arrancado de la carrera que estaba construyendo y comenzando una vida nueva en otro país. Definitivamente no me iba bien en el juego de encontrar el misterioso plan maestro para mi vida hasta que por fin… en aquel apartamento (pequeño pero perfecto para mí) en Orlando, Dios me ayudó a entender que mi propósito, y tu propósito, no se trata de resolver un misterio, sino de aceptar una invitación.

Luego de toda una vida afanado con encontrar mi propósito, llegar a esta conclusión causó en mí una catarsis. Era como si una venda hubiese sido removida de mis ojos y por fin podía ver para crecer. Estaba tan emocionado que me desplazaba por todo mi apartamento escribiendo esta idea en cada papel que encontré. Ahora que lo pienso con más calma, ese momento se parecía a las escenas en las películas donde el protagonista se vuelve loco y termina con las paredes forradas de la misma palabra una y otra vez. Gracias a Dios, vivía alquilando y no podía dañar las paredes porque, sino, perdía el depósito.

Si nuestro propósito no es un misterio que resolver, entonces ¿cuál es nuestro propósito?

Pues, comencemos desde el principio. En el principio Dios creó los cielos y la tierra… No, no estaba exagerando cuando dije que íbamos al principio. Dice la Biblia que Dios se vio de frente a un caos. Lo interesante es que ante el caos, la respuesta de Dios fue crear. Estableció límites entre las aguas y la tierra, creó animales que hicieran correr un ciclo sustentable de vida en este planeta (tal como aprendimos en *El rey león*), y cuando finalmente Dios vio que el caos se transformó en algo «bueno», decidió crear con su mayor esmero al hombre y la mujer que, según Efesios 2:10, es la obra maestra de Dios.

Dios quiere dejarnos claro por medio de su Palabra que la humanidad es amada por él. En el relato de la creación, cuando Dios creó al hombre y a la mujer, dijo que era «muy bueno». ¿Alguna vez has hecho algo con tus manos que te infló el pecho de orgullo por lo bien que te quedó? Yo he hecho diseños e ilustraciones que me gustan tanto que paso días contemplándolas. Así de grande es mi emoción de haber creado algo que considero «muy bueno». Imagino que lo que yo siento por mi trabajo es diminuto comparado con la satisfacción y el amor que Dios sintió por la humanidad que creó.

Si grande fue su satisfacción, igual de grande fue su angustia cuando esa creación, que tanto amaba, le dio la espalda. La creación que Dios tanto amó se alejaba cada vez más de él y cada paso la llevaba a la destrucción. ¿Qué haces cuando pierdes algo que tiene mucho valor para ti? Haces todo lo que puedas para recuperarlo, sin importar el costo. Y eso mismo hizo Dios cuando envió a Jesús: entregó a su único Hijo para que todo el que crea en él no se pierda, mas tenga vida eterna (Juan 3:16).

Jesús vino a este mundo a reconciliarnos con Dios. Porque cuando nos conectamos con Dios, somos transformados, restaurados y encaminados. Cuando nos conectamos con Dios, nuestros impulsos corruptos no tienen más poder sobre nosotros porque el Espíritu Santo nos guía y vivimos libres (Gálatas 5:16-17). Nuestra naturaleza humana nos hace pensar que podemos manejar los estragos de nuestro dolor y nuestra culpa por nuestros propios méritos, pero Jesús nos enseñó que sin él no podremos lograrlo (Juan 15:5). Jesús es el plan de Dios para alcanzar a la humanidad y transformar sus vidas, y ese plan continúa con nosotros.

Hechos 1:8 nos presenta el momento en el que Jesús está a punto de subir al cielo y deja unas últimas palabras a sus discípulos. No habían sido días fáciles para los seguidores de Jesús en ese momento. Pocos días antes ellos vieron a su maestro ser crucificado y luego lo vieron resucitado. Ellos habían visto muchas cosas mientras caminaban con Jesús, pero aun ellos necesitarían semanas para procesar todas las emociones que habían vivido durante aquellos días.

La pregunta era: ¿y ahora qué? Había muchas opiniones sobre lo que debía hacer el Mesías, y las expectativas de los discípulos debían estar por las nubes. Quizás Jesús iba a convocar un ejército de ángeles y expulsar a los romanos de Israel. Quizás iba a invitar a los discípulos a marchar a Jerusalén y exigir su trono. Es posible pensar que los discípulos esperaban un espectáculo… pero Jesús les dejó un propósito.

> *Pero recibirán poder cuando el Espíritu Santo descienda sobre ustedes; y serán mis testigos, y le hablarán a la gente acerca de mí en todas partes: en Jerusalén, por toda Judea, en Samaria y hasta los lugares más lejanos de la tierra* (Hechos 1:8).

CUANDO EL ESPÍRITU DESCIENDA SOBRE TI

¿Qué significa que el Espíritu descienda sobre ti para recibir poder? Pues, para apreciar mejor estas últimas palabras de Jesús, debemos visitar las primeras palabras que él pronunció para marcar el inicio de su ministerio. En Lucas 4:18 vemos que Jesús se encontraba en la sinagoga participando de un servicio cuando se levantó para leer del rollo del profeta Isaías:

> *El Espíritu del* Señor *está sobre mí, porque me ha ungido para llevar la Buena Noticia a los pobres. Me ha enviado a proclamar que los cautivos serán liberados, que los ciegos verán, que los oprimidos serán puestos en libertad, y que ha llegado el tiempo del favor del* Señor (Lucas 4:18-19).

En ese momento Jesús anunciaba que él era el Mesías que todos esperaban y su propósito como Mesías: ser testigo de que el amor de Dios está cerca. Jesús recibió el Espíritu de Dios, esto es, la autoridad, las capacidades y el empuje para acercarse a los necesitados y transformar sus vidas con sus palabras, con sus milagros y con su amor. La misión de Jesús es reconciliar a los que viven lejos de Dios y sanar sus corazones para que tengan libertad y puedan ver más allá de las circunstancias limitantes para vivir vidas plenas y abundantes (Juan 10:10). Cuando Jesús hizo esto abrió las puertas del cielo para traer el reino de Dios a la tierra una vida a la vez.

Ahora, en Hechos 1:8, Jesús invita a sus discípulos a participar en su misión. Jesús les ofrece el poder del Espíritu de Dios, el mismo poder que dio inicio a su ministerio para que puedan ser evidencia de lo que Jesús hizo. Cuando Jesús dijo que vendría sobre ellos el Espíritu Santo, lo que dijo fue que prácticamente vendría sobre ellos un sello que los separaría y les daría un nuevo título: agentes de reconciliación. Pero esas palabras no son solo para las personas que estaban allí, también se aplican a nosotros.

Jesús nos otorgó el poder del Espíritu de Dios, el cual nos sella, nos separa, nos da autoridad, empuje y la capacidad de ayudar a otros a ser libres y acercarse a Dios. Esta invitación que Jesús nos hace es lo que define nuestro propósito.

Nuestro propósito es ser partícipes del plan de Dios para alcanzar y transformar vidas.

Lo magnífico de esto es que en el Antiguo Testamento, Dios llamaba a unas pocas personas para participar en su plan de alcanzar y traer salvación a su pueblo. Pero ahora, gracias a Jesús, la invitación se extiende a todo el que quiera recibirla y participar. Todos hemos recibido el mismo llamado para ser las manos y pies de Jesús en este mundo. Esto elimina la ansiedad de encontrar ese propósito secreto porque no existe un propósito misterioso, solo existe una invitación abierta.

Si eres como yo, reventar la burbuja de misterio que envolvía a nuestro propósito causó en ti paz y hasta emoción. Pero dos segundos después se infló otra burbuja… la duda, o sea, ¿eso era? ¿Alcanzar y transformar vidas? Ese tipo de reacción es típica luego de la muerte de un misterio, la respuesta no es tan impresionante como la imaginábamos. Sin embargo, lo que hace especial el propósito que Dios tiene para nosotros no reside tanto en cuál es ese propósito, sino en CÓMO vamos a vivir ese propósito. Dios nos empodera con su Espíritu y nos invita a participar de su misión, pero tú y yo agenciamos sobre cómo participar.

Cuando hablamos de alcanzar y transformar vidas, lo primero que pensamos es en un ministerio como el que vemos en las iglesias. Pensamos que debemos ser misioneros, evangelistas o al menos servir en el estacionamiento de la iglesia. Aunque es hermoso servir dentro de una comunidad de fe, nuestro propósito no se limita a servir en una iglesia. Nuestro propósito se practica con nuestra vida.

La palabra «propósito» se asocia con la palabra «destino». Cuando muchos piensan en propósito, piensan en lo que están destinados a hacer en el futuro. La imagen de destino es una imagen de futuro y lo agobiante del asunto es que siempre se ve lejos. Pero lo que quiero mostraste con este libro, es que tu destino no está en el futuro. Cuando recibes la invitación de Dios a participar en su misión, tu destino comienza hoy, aquí, ahora. Tu destino no se encuentra en un evento en el futuro. Tu destino es vivir con propósito hoy.

EL ESPÍRITU DE DIOS TE SANTIFICA

Nuestro propósito no está en una sola cosa que hacemos, nuestro propósito se vive con todo lo que somos. Esto es bien importante, Dios está más interesado en ti que en tu desempeño. Muchas personas que se identifican como cristianas, miden su fe con las cosas que hacen para Dios; pero antes de enviarte a hacer cualquier cosa, a Dios le interesa tener una relación contigo. A Dios le interesa más sanar y desarrollar quién eres tú, que encerrarte en una imagen que nunca vas a alcanzar. Jesús nos ofrece ser llenos del Espíritu primero para poder participar plenamente en nuestro propósito. Fíjate que no es al revés. Dios no requiere que tengas un desempeño impecable para luego llenarte de su Espíritu. La idea es que el Espíritu pueda reafirmar tu identidad (Romanos 8:16), entrar a las diferentes áreas que componen quienes somos, las sane, las haga libres y las desarrolle al máximo de su potencial para enviarnos a participar en su propósito. La Biblia llama a ese proceso: santificación. El Espíritu quiere santificar y usar nuestras capacidades, nuestra historia, nuestra personalidad, nuestros valores y nuestras prioridades para vivir nuestro propósito. Aunque el proceso de santificación dura toda la vida, el Espíritu Santo quiere comenzar el proceso en tu vida, ahora mismo.

Estas son buenas noticias, porque me doy cuenta de que nosotros nos miramos en un espejo y lo primero que hacemos es despreciar quienes somos. Miramos nuestras capacidades, nuestra historia, nuestros valores y nuestras prioridades y comenzamos a señalar todas las razones por las cuales no somos suficientes. Pero ¿quién nos dijo que no somos suficientes? Una pequeña voz que se llama comparación cada vez que miramos hacia afuera y entra en nosotros una mentira que nos hace sentir inferiores. Esa mentira nos impulsa a aparentar con cosas materiales y selfis que nos toman horas en producir para crear la impresión de que tenemos vidas significativas, pero por dentro estamos vacíos y a la deriva en el mar de las opiniones de los demás. Pero cuando el Espíritu Santo llega a tu vida, recorre cada uno de tus componentes y te muestra que eres suficiente.

Mientras la comparación te hace pensar que necesitas ser otra persona para ser mejor, el Espíritu te dice que es mejor desarrollar el potencial que hay en ti.

La comparación te dice que no tienes nada que ofrecer, pero el Espíritu ve riquezas en tus capacidades.

En 1 Pedro 4:10 vemos que hemos recibido capacidades de parte de Dios para que las usemos para el beneficio de los demás. Nuestras capacidades pueden dividirse en dos categorías: dones y habilidades.

Los dones son esas capacidades que forman partes intrínsecas de tu carácter. Un buen ejemplo de un don es la capacidad de escuchar atenta y empáticamente. Hay personas que tienen un don especial para hacerte sentir que, lo que sea que estás compartiendo, es importante. Usualmente alguien que tiene el don de escuchar no se enfoca en dar mucho consejo, sino en estar presente.

La comparación te dice que escuchar no es una capacidad valiosa. Y te hará mirar a las personas que ofrecen discursos a audiencias de miles de personas. Cada vez que esas personas terminan una oración, los auditorios se inundan en aplausos y gritos; mientras tanto tú estás sentado al frente de una sola persona, y seguramente nadie se va a enterar de eso.

No obstante, el Espíritu llega a tu vida y te recuerda que posees un gran tesoro, escuchar. Mientras que la comparación te dice que eso es una tontería, el Espíritu te dice con entusiasmo que es un don. Algo que parece tan básico ha salvado vidas al borde de tomar decisiones fatales. No todo el mundo tiene ese don. Hay personas que aprendieron un libreto para dar la impresión de que están escuchando, pero no se siente natural, y en vez de hacerte sentir bien, te hacen sentir que sobrevivieron a la conversación contigo, sobretodo, cuando te dicen en un tono lento y políticamente correcto, mientras te escoltan hacia la puerta: «Te escuché, y lo que me dices es muy importante. Gracias por tu confianza», blam.

Las habilidades son las cosas que sabes hacer. Muchas personas asocian las habilidades exclusivamente con lo artístico. Pero tus habilidades incluyen mucho más que cantar o dibujar. Cualquier cosa que sepas y hayas aprendido tiene mucho valor para alguien, así sea cocinar, hacer tablas en Excel o darle medicina a un perro mañoso.

Muchas de las habilidades que adquirimos en la vida las recibimos aprendiendo. Muchas veces no nos damos cuenta de que estamos aprendiendo algo nuevo, porque los mayores maestros son el fracaso y las situaciones difíciles. Por ejemplo, yo aprendí a escribir mejores correos electrónicos en el trabajo luego de meterme en problemas por escribir correos tan ambiguos que las personas los interpretaban como les daba la gana. No parece mucho, pero esa destreza se convirtió en una capacidad para desarrollar reflexiones que impactan vidas en las redes sociales y en la radio.

La mejor manera de entender la diferencia entre dones y habilidades es que nacemos con nuestros dones y aprendemos nuestras habilidades.

Cualquier don o habilidad que tengas puede hacer la diferencia en la vida de los demás. Hace unos días mi esposa Maritza y yo encontramos en Youtube a una señora que enseña a limpiar de manera sencilla y divertida los sucios más horrorosos en los hogares. Sus videos fueron muy valiosos porque teníamos un horno bien asqueroso y ninguno de los dos sabíamos por dónde comenzar a limpiarlo. ¿Quién diría que un poco de *baking soda* (bicarbonato de sodio) y agua podrían ser tan milagrosos? Cuando aprendimos a limpiar ese horno, nos dio deseo de comenzar a usarlo. Al principio nos sentimos un poco cohibidos porque no queríamos que el horno se ensuciara de nuevo, pero ya sabíamos limpiar un horno y prevenir regueros mayores, así que pudimos darle rienda suelta a nuestra curiosidad repostera.

Quizás te preguntas, ¿y qué de especial puede ser enseñarle a alguien a limpiar un horno? Pues todo esto sucedió para el tiempo que comenzó la cuarentena por la pandemia de la COVID-19. Una de las actividades que llenó nuestro hogar de alegría y satisfacción fue experimentar con comidas y postres nuevos usando nuestro horno. Si esa señora no hubiese compartido cómo hacer algo tan mundano como limpiar un horno, probablemente nos hubiésemos vuelto locos Maritza y yo. Si una habilidad tan poco glamorosa como limpiar trajo libertad y alegría a nuestro hogar, estoy seguro de que tú has adquirido muchas habilidades que pueden añadir mucho valor.

Por más insignificante que parezca, no subestimes lo que sabes. Algún día una oportunidad va a asomarse para usar alguna de tus habilidades; y es muy probable que no tenga sentido para ti e incluso sientas que estás perdiendo el tiempo, pero seguramente el impacto es mayor del que crees.

Regularmente yo envío un mensaje a mi lista de correo para compartir las lecciones que han sido sobresalientes durante la semana. Comparto un episodio de mi pódcast, algunos artículos, libros que estoy leyendo y cosas curiosas que he hecho en la semana, como la vez que comimos una hamburguesa vegetariana que sabía a carne. A mí se me hace difícil ser consistente con esos mensajes porque cada vez que los escribo pienso que a nadie le interesa lo que tengo que compartir. Muchas personas piensan que, como yo me expongo constantemente a una audiencia, no debo sentir ningún tipo de inseguridad respecto a mis habilidades. Pero todos mis familiares cercanos son profesionales de la salud y, siempre que ellos intervienen, se ven tan heroicos sanando heridas y salvando vidas porque le descubrieron a alguien una enfermedad que no sabía que tenía. Por otro lado, dibujar, escribir correos electrónicos, escribir libros y hacer cursos es un proceso que rara vez se siente como si hiciera algo trascendental. Cuando envío mis correos electrónicos, no sé ni siquiera si las personas los encuentran valiosos o si estoy molestándolos. Sin embargo, un día una persona me escribió para decirme que el mensaje que había enviado ese día había sido la segunda vez que Dios me usaba para hablarle a ella en medio de un momento difícil. Dios puede y quiere usar tus habilidades para salvar vidas.

Ninguna de mis habilidades me llegó por naturaleza. Todo lo que sé es porque me ha costado años de práctica, frustración y atrevimiento. Muchas veces me cuesta creer que alguien le preste atención a lo que hago. Pero yo sé que uno de mis dones más preciados es animar a las personas y darles esperanza, y cada habilidad que aprenda la voy a usar para apoyar ese don.

Pídele al Espíritu que descienda sobre tus dones y habilidades y verás la diferencia.

La comparación te dice que tu historia es un desastre, pero el Espíritu quiere usar tu historia para salvar vidas.

Pablo escribió más de la mitad del Nuevo Testamento. Mucho de lo que conocemos hoy del evangelio y de las doctrinas que guían la fe cristiana las aprendimos de Pablo.

¿Tú crees que somos el cuerpo de Jesús? Lo aprendiste de Pablo (1 Corintios 12:12). ¿Te cuidas de los dardos de fuego del enemigo? Lo aprendiste de Pablo (Efesios 6:16, RVR1960). ¿Crees que eres hijo de Dios? Donde primero comenzamos a ver esta idea es en el Libro de Romanos que fue escrito por Pablo.

Pablo es uno de los principales promotores del evangelio y el responsable de expandirlo por muchas naciones y culturas a lo largo de sus viajes misioneros. Definitivamente, es un héroe de nuestra fe y una figura de mucha influencia y digno de imitar. Pero si solo conociéramos el pasado de Pablo, jamás hubiésemos imaginado que aquella persona sería el mayor maestro de nuestra fe.

Antes de su encuentro con Jesús, Pablo (también conocido como Saulo) era notorio por ser uno de los perseguidores de cristianos más vocales y violentos de aquel tiempo. Se dice que él «[…] iba por todas partes con la intención de acabar con la iglesia. Iba de casa en casa y sacaba a rastras tanto a hombres como a mujeres y los metía en la cárcel» (Hechos 8:3). Hasta que eventualmente su desprecio por la iglesia lo comenzó a convertir en un asesino: «Mientras tanto, Saulo pronunciaba amenazas en cada palabra y estaba ansioso por matar a los seguidores del Señor…» (Hechos 9:1).

Luego de un encuentro con Jesús, mientras iba camino a Damasco, Saulo quedó ciego y acuartelado por tres días. En ese tiempo, Dios le habla a un discípulo llamado Ananías y le da instrucciones detalladas de ir a donde Saulo se encontraba para que ore por él y pueda recobrar la vista. No obstante, Ananías conocía la reputación de Saulo y le respondió a Dios con una respuesta sumamente válida y honesta desde el punto de vista de cualquier ser humano:

> *¡Pero Señor! —exclamó Ananías—. ¡He oído a mucha gente hablar de las cosas terribles que ese hombre les ha hecho a los creyentes de Jerusalén! Además, tiene la autorización de los sacerdotes principales para arrestar a todos los que invocan tu nombre* (Hechos 9:13-14).

Ananías tenía toda la razón del mundo para sentir temor y hasta un poco de desprecio hacia alguien como Saulo. Por lo que se lee en este pasaje, Ananías no conocía a Saulo personalmente, pero ya conocía su historia y estaba listo para descartarlo y dejarlo ciego y quebrantado.

Cuando consideramos nuestro pasado, muchos somos como Ananías. Nosotros pensamos en todas las cosas que hemos pasado y hecho y encontramos razones para quedarnos acuartelados, ciegos y quebrantados. Miramos nuestra historia y consideramos que somos más una decepción que una bendición para los demás.

Yo miro mi historia y pienso en todas las veces que he dejado las cosas inconclusas y las personas que he decepcionado. Mi nivel de ejecución no siempre iguala a las expectativas que tengo sobre algo que quiero hacer. Tarde o temprano lo que sea que estoy haciendo, así sea un trabajo, un proyecto o una relación, entrar a un nivel de dificultad y compromiso que requiere más esfuerzo de mí, y es ahí donde comienzo a sabotearme. Cada vez que Dios me presenta una nueva idea o una ambición, lo primero que siento es miedo y frustración porque pienso que tarde o temprano la voy a sabotear y se convertirá e una decepción que no irá a ningún lado. Es como si cada vez que Dios me da una nueva idea o una nueva conexión, lo primero que pienso es: *¡Pero, Señor! ¿No has oído que cada vez que comienzo algo nunca lo termino? ¿Y cada vez que alguien se conecta conmigo en una relación termina decepcionada?*

Quizás el Ananías que vive en ti le dice a Dios: «Pero, Señor, ¿no has oído que yo he sufrido abusos por mi familia? ¿No has oído que yo he sido infiel? ¿No has oído que nunca terminé mis estudios y no tengo la educación que tienen otros? ¿No has oído que estuve preso porque hice cosas muy malas? ¿No has oído que soy un indigente y adicto? ¿No has oído que estoy batallando con la pornografía? ¿No has oído que he alejado a las personas que me aman y no tengo a nadie? ¿No has oído que hice mucho daño a otras personas? Y así la lista continúa.

Sin embargo, Jesús le dijo a Ananías algo que puso punto final a sus dudas.

> *El Señor le dijo: Ve, porque él es mi instrumento elegido para llevar mi mensaje a los gentiles y a reyes, como también al pueblo de Israel* (Hechos 9:15).

En otras palabras, le dijo que Saulo, esa persona con una historia llena de manchas, tenía mucho potencial para cumplir con el propósito de Dios. Y mira lo que ocurrió después que Saulo recobró la vista y las fuerzas y comenzó a hablar a otros de Jesús:

> *Y enseguida comenzó a predicar acerca de Jesús en las sinagogas, diciendo: «¡Él es verdaderamente el Hijo de Dios!». Todos los que lo oían quedaban asombrados.*

> *«¿No es este el mismo hombre que causó tantos estragos entre los seguidores de Jesús en Jerusalén? —se preguntaban—. ¿Y no llegó aquí para arrestarlos y llevarlos encadenados ante los sacerdotes principales?». La predicación de Saulo se hacía cada vez más poderosa, y los judíos de Damasco no podían refutar las pruebas de que Jesús de verdad era el Mesías* (Hechos 9:20-22).

La historia de Saulo se convirtió en la evidencia del poder de Jesús. La misma historia que descalificaba a Saulo, el Espíritu de Dios la convirtió en el mejor argumento para darle credibilidad al mensaje de Saulo. Aunque para Saulo su historia le causara dolor y remordimiento, el Espíritu de Dios la transformó una y otra vez en combustible para su propósito.

El Espíritu de Dios quiere descender en tu historia y sacarte de ese rincón donde te sientes ciego y quebrantado. Quizás tú sientas que tu historia es precisamente lo que te condena, pero cuando permitas que el Espíritu de Dios entre en tu historia, él la puede transformar en propósito y esperanza para ti y para otras personas. La historia que te llena de vergüenza e inseguridad puede ser el testimonio que hará que otros piensen: *Si Dios le ayudó a superar eso y hoy habla con tanta libertad y gozo, Dios también puede hacerme libre.*

Te invito a que permitas que el Espíritu entre en tu historia y, al igual que Saulo, te transforme en un agente de esperanza.

La comparación te dice que tus valores te hacen débil, pero el Espíritu usa tus valores para provocar cambios.

Tus valores son esas creencias que están tan arraigadas en tu corazón que dirigen tus decisiones, incluso sin pensarlo. En el libro *Design de vida*, los autores Bill Burnett y Dave Evans usan otro nombre para referirse a los valores «Tu visión de vida»:

> «Una visión de vida es simplemente tus ideas sobre el mundo y cómo funciona. ¿Qué le da significado a la vida? ¿Qué es lo que hace que la vida valga la pena? ¿Cómo tu vida se relaciona con otros en tu familia, comunidad y el mundo?».[1]

En otras palabras, tus valores te ayudan a crear una definición de las cosas que son realmente importantes para ti. Cuando tomamos decisiones en armonía con nuestros valores podemos sentir que tenemos claridad y significado en nuestras vidas.

Tus valores son los que te impulsan a ayudar a alguien, a hacer un buen trabajo o a denunciar algo injusto, aun cuando te metas en problemas. Tus valores te ayudan a decidir qué es bueno y qué es malo. Por otro lado, tus valores pueden estar tan integrados a tu sistema que muchas veces los menosprecias y otras veces parecen convertirse en defectos por todas las veces que te meten en problemas.

El Libro de Daniel nos cuenta la historia de tres jóvenes judíos que fueron removidos de su tierra a una tierra extraña llamada Babilonia. Babilonia era un pueblo que adoraba muchos dioses, incluyendo a su rey, porque creían que él poseía el poder de los dioses.

Un día convocaron a todo el pueblo delante de una estatua gigante del rey. La orden era sencilla, había que postrarse delante de la estatua del rey, y quien se negara a adorar la estatua sería echado a un horno de fuego. Rápidamente todas las personas que estaban allí se postraron ante la estatua, excepto tres jóvenes judíos: Sadrac, Mesac y Abed-nego.

El rey, lleno de ira y harto de odio, demandó hablar con los jóvenes y les volvió a repetir las consecuencias de no postrarse delante de la estatua. A lo que los jóvenes le contestaron:

1. Bill Burnett y Dave Evans, *Design de vida*, (Barcelona: Macro Ediciones, 2018), p. 31.

> *Oh Nabucodonosor, no necesitamos defendernos delante de usted. Si nos arrojan al horno ardiente, el Dios a quien servimos es capaz de salvarnos. Él nos rescatará de su poder, su Majestad; pero aunque no lo hiciera, deseamos dejar en claro ante usted que jamás serviremos a sus dioses ni rendiremos culto a la estatua de oro que usted ha levantado* (Daniel 3:16-18).

En un arrebato de ira, el rey mandó a calentar el horno siete veces más y arrojaron a los tres jóvenes a las llamas. Yo me imagino las personas que estaban alrededor de Sadrac, Mesac y Abed-nego, hablándoles bajito para que se postraran también: «No sean tercos, es solo una estatua». No obstante, estos tres jóvenes preferían morir. Desde afuera, estos tres jóvenes podrían ser catalogados de insubordinados, tercos, prepotentes, pero en su corazón, ellos entendían que ser firmes y fieles a Dios era un valor que no podían negociar.

¿Alguna vez te ha pasado que no puedes mantenerte callado cuando ves algo que no te cuadra? Seguramente has dicho en más de una ocasión: «Esta boca mía».

Hay personas que siempre buscan creer en la virtud de los demás y terminan siendo lastimados. Muchas personas valoran tanto la responsabilidad que los acusan de ser difíciles. Otros valoran tanto el tiempo con su familia que los consideran vagos.

Muchos de nuestros valores, por causa de nuestra humanidad, pueden percibirse como debilidades. Pero el Espíritu de Dios quiere descender sobre los valores que dirigen tu vida para cumplir su propósito en ti.

Cuando Sadrac, Mesac y Abed-nego fueron echados al horno, el rey comenzó a dudar de su habilidad para las matemáticas, porque en lugar de ver tres personas en el horno, ahora veía cuatro.

> *¡Miren! —gritó Nabucodonosor—. ¡Yo veo a cuatro hombres desatados que caminan en medio del fuego sin sufrir daño! ¡Y el cuarto hombre se parece a un dios! Entonces Nabucodonosor se acercó tanto como pudo a la puerta del horno en llamas y gritó: «¡Sadrac, Mesac y Abed-nego, siervos del Dios Altísimo, salgan y vengan aquí!». Así que Sadrac, Mesac y Abed-nego salieron del fuego. Entonces los altos funcionarios, autoridades, gobernadores y asesores los rodearon y vieron que el fuego no los había tocado. No se les había chamuscado ni un cabello, ni se les había estropeado la ropa. ¡Ni siquiera olían a humo! Entonces Nabucodonosor dijo: «¡Alabado sea el Dios de Sadrac, Mesac y Abed-nego! Envió a su ángel para rescatar a sus siervos que confiaron en él. Desafiaron el mandato del rey y estuvieron dispuestos a morir en lugar de servir o rendir culto a otro dios que no fuera su propio Dios. Por lo tanto, yo decreto: si alguien, cualquiera sea su raza, nación o lengua, habla en contra del Dios de Sadrac, Mesac y Abed-nego, será despedazado y su casa será reducida a un montón de escombros. ¡No hay otro dios que pueda rescatar de esta manera!»* (Daniel 3:25-28).

Aquellos bocones insubordinados, cuya terquedad los metió en problemas, fueron visitados por Dios, quien transformó el riesgo que produjo sus valores en un testimonio del poder de Dios.

Ahora piensa en esos valores que te meten en problemas.

Tu fe, en la virtud de las personas, parece una debilidad, pero Dios la transformará en la gracia que hace que otros se levanten. Tu valor por la responsabilidad parece un defecto, pero Dios lo transformará en el liderazgo que hace que los sueños se hagan realidad.

Tu valor por darle tiempo a tu familia te hace ver como un eslabón débil en tu trabajo, pero Dios lo transformará en el balance que trae salud a ti y a tu familia.

Yo espero que puedas apreciar la libertad que se siente saber que para vivir con propósito no necesitamos nada especial. De hecho, no depende de lo que nosotros tengamos o no tengamos. Nuestro propósito se vive con lo que permitamos a Dios hacer con lo que ya tenemos. Que hermoso es saber que Dios quiere sanar y usar todo lo que compone nuestra vida para vivir a propósito. Cuando todo lo que eres aporta a tu propósito, lo único que necesitas hacer es permitir que Dios entre a cada área de tu vida y la transforme.

Si quieres hacer inventario de tus dones, tus habilidades, tu historia y tus valores, ve a disenatuproposito.com/cap2 y descarga versiones imprimibles que te guiarán a pensar, plasmar y entregarle al Espíritu Santo estas áreas de tu vida.

¡Listo!, misterio resuelto, porque nunca hubo un misterio. Nuestro propósito es una invitación a participar en el plan de Dios para alcanzar y transformar vidas. Para vivir nuestro propósito no es necesario convertirnos en alguien que no somos, sino dejar que el Espíritu Santo descienda sobre quienes somos hoy y transforme cómo usamos nuestras habilidades, nuestra historia y nuestros valores para hacer la diferencia. Solo queda considerar un pequeño detalle: ¿identificaste en qué etapa de tu vida te encuentras? El próximo paso es identificarla… y de esto hablaremos en el próximo capítulo.

CAPÍTULO 3

LAS ETAPAS DE LA VIDA LE DARÁN FORMA A TU PROPÓSITO

Heráclito es conocido por ser el autor de una de las frases más célebres y certeras para describir la vida: «Lo único constante en la vida es el cambio». Hay dos cosas que puedo decir de Heráclito. Primero, que su nombre es épico y cualquiera que nombre así a su hijo merece un *high five*. Segundo, la verdad que él compartió es eterna y relevante hasta el día de hoy. De la noche a la mañana, tu vida puede cambiar por completo. Esa es una lección de vida que aprendieron millones de estudiantes alrededor del mundo en el año 2020. Un día, al sonar la campana, niños y niñas de diferentes partes del mundo y distintos tipos de escuelas salieron de sus aulas sin imaginar que al otro día ya no volverían más a sus pupitres, y por un largo tiempo su nueva realidad era tomar clases desde una pantalla en sus casas. Al menos esa es la realidad al momento que estoy escribiendo esta oración.

No deja de sorprenderme que aun sabiendo que en la vida manejamos un cambio detrás del otro, muchos pensamos que nuestro propósito se trata de hacer una sola cosa por el resto de nuestra vida. Esa creencia es la que causa que nos estanquemos y nos hagamos preguntas como «¿Y si escojo mal?». Esta pregunta es muy común en uno de los ejercicios que hacemos en nuestro proceso de diseño de nuestro propósito, así que vamos a contestar esa pregunta más adelante.

Por otro lado, hay quienes rompen con el estancamiento y se lanzan a tomar una decisión para hacer algo que les traiga propósito a sus vidas. No obstante, un día, la vida dio un giro que les obligó a adaptarse. Se frustraron porque pensaron que habían encontrado su propósito, pero ahora su propósito se había desvanecido. Eso fue lo que me ocurrió a mí. Como dije en el capítulo 1, la vida me ha enviado a la «cola» muchas veces; pero, permíteme mostrarte con más detalles cómo aprendí a aceptar y adaptarme a los giros y cambios que me ha dado la vida.

Yo fui despedido de varios trabajos anteriormente. Podría decir que hasta le aprendí a tomar un gustito a ser despedido. Yo sé que no mucha gente va a estar de acuerdo conmigo, pero las veces que fui despedido, ya venía arrastrando las ganas de irme y hacer algo nuevo, pero no me atrevía. En mi caso, los despidos fueron ese empujón que necesitaba para lanzarme a la aventura que buscaba. Ser despedido es fácil. Para mí lo difícil es renunciar.

La primera vez que renuncié fue en el 2017. Una de las cosas más difíciles de renunciar es explicar que me iba, no porque conseguí un trabajo mejor o porque estaba molesto con la gerencia, me iba porque iba a dar un salto de fe para dibujar y ser conferencista y realizar talleres a tiempo completo. Para la empresa que me contrató como ingeniero para desarrollar aplicaciones web, irme para dar charlas de motivación era algo que no podían entender y, hasta cierto punto, era un insulto para ellos. Todavía me tiemblan las piernas cuando pienso en el momento en que entré en la oficina de uno de mis jefes y le dije: «Encontré una oportunidad para comenzar una carrera como ilustrador y conferencista y la voy a tomar». Ese día tuve que explicar 60 veces la razón por la que me iba, incluso a personas a quienes no les había dicho que me iba. Es más, recibía mensajes de personas que estaban fuera de vacaciones, incluso personas que ya no trabajaban en la empresa, preguntando por qué estaba renunciando.

Sin embargo, era el momento correcto para renunciar. Si no lo hacía iba a vivir con esa constante incertidumbre. No era la primera vez que me lanzaba a trabajar por mi propia cuenta y trataba de emprender con mi arte. La primera vez que me lancé como emprendedor fue uno de los factores que aportaron a que se formaran fisuras en mi primer matrimonio hasta que finalmente terminamos divorciados.

La idea de renunciar para volver a emprender con mi arte y dejar atrás la ingeniería causaba muchos conflictos en mi mente. Yo había aceptado aquel empleo en un esfuerzo desesperado por salvar mi matrimonio, pero no funcionó, y ahora me sentía encerrado, y al mismo tiempo, sentía mucho resentimiento hacia mis anhelos de emprender por todo lo que me había ocurrido. No obstante, había algo dentro de mí que deseaba lanzarse a una nueva aventura. Emprender ya no era solo curiosidad, en aquel momento emprender significaba aceptar que un capítulo de mi vida había terminado y debía transformar mi tristeza en libertad para tomar decisiones por mí y para mí. El día que renuncié estaba convencido de que me estaba lanzando a seguir mi propósito. En mi mente, mi propósito era ser conferencista, dibujante, autor (yo soñaba con escribir un libro), o actor, o diseñador... todavía no estaba del todo seguro, pero sí estaba convencido de que mi propósito no era ser ingeniero y que estaba lejos de códigos de programación y algoritmos. Es más, para mí, la ingeniería era un desvío masivo del propósito que estaba buscando, y por fin iba a escapar y ser libre para seguir mis sueños. ¿Y sabes una cosa?, al cabo de unos meses, me iba bastante bien, y mi atrevimiento comenzaba a mostrar potencial. Todo parecía indicar que, por fin, estaba comenzando a encontrar mi propósito.

Hasta que llegó el huracán María. Se cancelaron todos los eventos que tenía pautado, excepto un evento que tenía pautado en Miami. Gracias a Dios logré salir de Puerto Rico una semana después del huracán. El plan era que mi compromiso iba a durar dos días y después de allí volvería a Puerto Rico. El problema fue que cuando se cumplieron los dos días, me enteré que habían cancelado los vuelos de vuelta a Puerto Rico y, cuando pregunté para cuándo me iban a montar en el próximo vuelo, me dijeron que el único espacio que tenían disponible era dentro de un mes. ¿Qué se supone que yo hiciera un mes en la Florida? Entonces, llamé a mis tíos que viven en Orlando y les expliqué lo que me había pasado, alquilé un vehículo y me fui a pasar ese mes con ellos.

Durante varias semanas pasé horas acostado en la cama mirando el techo del cuarto de huéspedes de mis tíos preguntándome por qué Dios había permitido que mi propósito se destrozara cuando por fin lo había encontrado. Poco sabía que ese mes sería el principio de mi escuelita uno a uno con Dios para aprender cuál era mi propósito; incluyendo un aspecto muy crucial de nuestro propósito que vamos a explorar en un momento.

Un día, mi amigo Xavier me escribió: «Mira, *Relevant Magazine* está en Orlando, y tienen una oficina nueva que dicen que está espectacular. Escríbeles para que te den un *tour* y me mandas muchas fotos :-)». *Relevant Magazine* es una revista cristiana norteamericana que habla sobre ese punto de encuentro entre la fe, la cultura popular y los estilos de vida de los adultos jóvenes. Xavier y yo seguimos la revista desde que estábamos en la universidad. De hecho, cuando me sentía agobiado en mi día a día como ingeniero, solía subir el sitio web de *Relevant* para leer un artículo e inspirarme con el diseño de su página web. Como ingeniero de *software*, especializado en crear páginas y aplicaciones web, yo apreciaba pasar tiempo en su sitio web. Así que le hice caso a Xavier y el sábado en la noche escribí a *Relevant* para ver si me daban un recorrido por su nueva oficina. El lunes al mediodía me respondieron que podía ir el día miércoles.

La oficina de *Relevant* parecía sacada de una revista de decoración. El espacio era abierto, con techos altos desnudos y paredes de ladrillos pintadas de blanco, excepto una pared, mi favorita, que estaba forrada desde el suelo hasta el techo con un estante lleno de libros. Entre los escritorios había espacios esparcidos con pequeñas salas decoradas con muebles modernos. Todos los que trabajaban allí tenían agujeros en las rodillas de sus *jeans*. Yo no sabía si me iban a dar un recorrido o si me iban a vender un sofá. Pero todos en la oficina fueron tan amables conmigo, y me mostraron cada uno de sus espacios y cómo ellos los usaban para crear su contenido. Era como estar en Disneylandia y que te mostraran cómo ellos hacían su magia.

Luego del recorrido, la directora de negocios y el director creativo, me invitaron a sentarme en una de las salitas para conversar. Cuando les escribí les había mencionado que yo venía de Puerto Rico y que estaba en Orlando a causa del huracán, por eso ellos querían sentarse para escuchar mi historia. En aquel momento me sentía feliz de que dos personas extrañas, que trabajaban en una marca que admiro, se interesaran por mi historia. Jamás me imaginé lo mucho que iba a amar a esos dos seres menos de un año después.

Les conté toda la historia que te acabo de contar en este capítulo, incluyendo la parte donde había renunciado a mi carrera de desarrollador de aplicaciones web para ser conferencista.

—Un momento —preguntó la directora de negocios con un tono de intriga en su voz—. ¿Tú haces páginas web?

—Sí. Por diez años —contesté.

—¿De casualidad tendrás algunos ejemplos? —preguntó el director creativo.

¿Recuerdas que te mencioné cuánto admiraba el diseño de la página de *Relevant*? Pues resultó que ellos odiaban su página porque se veía bonita, pero no era funcional. Tenían que hacer todo a mano, y necesitaban ayuda de alguien que les ayude a hacerle todas las mejoras y funcionalidades que ellos soñaban para la página. Continuamos hablando una hora más, esta vez, con más miembros del equipo, incluyendo a su CEO.

Cuando salí de la oficina vi que tenía un mensaje de Xavier en mi celular:

—¿Cómo te fue? —leía el mensaje.

—Bien —contesté—. Me ofrecieron trabajo.

¿Qué ocurrió? ¿Acaso dejé a un lado mi propósito? Volví a trabajar como ingeniero, la carrera que pensaba haber dejado atrás. Pocos meses después tenía un apartamento, una vida en Orlando y una confusión enorme. Fue en ese tiempo que Dios comenzó a enseñarme que mi propósito es participar en su plan para alcanzar y transformar vidas —como hablamos en el capítulo anterior—, pero yo pensaba que me había desviado de mi propósito porque no seguí insistiendo en ser conferencista y había vuelto a aceptar un trabajo desarrollando códigos. Pero fue en una reunión de personal en *Relevant* que Dios me lanzó como un rayo una idea que trajo paz a mi corazón y crecimiento a mi ministerio.

Yo no había dejado atrás mi propósito. Dios nos dio un propósito que es constante a través de nuestra vida, pero las etapas de nuestra vida son las que influencian cómo vamos a vivir nuestro propósito. Cada etapa traerá cambios a tu vida y, con esos cambios, vendrán nuevos intereses, nuevo conocimiento y nuevas prioridades que influenciarán las cosas que le dan significado a tu vida y a tu aportación al plan de Dios de alcanzar y transformar vidas. Debemos saber aceptar y adaptarnos a las diferentes etapas que llegan a nuestra vida, porque para cada temporada, Dios tiene una provisión particular y revela un aspecto de su carácter que fortalece un aspecto del nuestro. En mi caso, aprendí que la ingeniería no era una distracción, sino otra herramienta que al igual que el dibujo, la escritura y la oratoria, me equipan para poder enfrentar las diferentes etapas que llegan a mi vida. Hay etapas donde el propósito de Dios requiere que use mis destrezas como ingeniero, quizás otras donde lleguen diferentes etapas donde no sea tan necesario. Ser ingeniero no es un obstáculo al propósito de Dios para mi vida, es otra herramienta que me facilita cumplirlo.

Hay veces que una nueva etapa llega porque tú la causaste, otras veces te sorprende. En ocasiones, una nueva etapa llega envuelta en alegría y otras llegan vestidas de tragedia. No importa cómo llames a una nueva etapa en tu vida; puedes llamarla cambio positivo o puedes llamarla crisis, lo cierto es que cada etapa te mostrará una nueva manera de vivir tu propósito y crecer en el proceso.

UNA NUEVA ETAPA PUEDE COMENZAR CON UNA TRAGEDIA

Las tragedias, a pesar del dolor que causan, son un catalizador súper potente para sacar fuerza y virtud de nosotros y producir cambios que los tiempos alegres y cómodos jamás van a producir. Las historias más inspiradoras nacen de momentos trágicos que fuerzan a las personas a transformarse así mismos para transformar sus circunstancias.

Mi esposa Maritza y yo vimos recientemente una película española llamada *100 metros*. Narra la historia verídica de un hombre llamado Ramón Arroyo que gozaba de un trabajo exitoso como publicista y de una familia hermosa, hasta que la tragedia tocó su vida. Un día se desmayó en plena reunión de trabajo y despertó en el hospital con un diagnóstico de esclerosis múltiple y limitación en su capacidad de movimiento. Esta condición no solo limitó la motricidad de Ramón, sino que también amplificó sus miedos porque no sabía qué otra cosa podría perder en su próximo episodio.

No obstante, la condición de esclerosis múltiple marcó también el comienzo de una nueva temporada en la vida de Ramón. Cuando él comenzó sus tratamientos le dijeron que tendría suerte si lograba caminar al menos 100 metros. Ese número dio vueltas y vueltas en la mente de Ramón, y decidió que no solo iba a lograr correr 100 metros, sino que iba a completar una competencia de *Ironman*.

Una nueva etapa trajo a la vida de Ramón una nueva prioridad, una nueva misión y una nueva historia que impactaría a otros.

La tragedia puede ser el catalítico para una nueva etapa en tu vida. Probablemente tu tragedia te trajo ahora mismo a un tiempo de dolor y derrota. Déjame decirte algo sobre las etapas de la tragedia. Muchas personas, en su deseo de ver a otros levantarse, van a tener prisa en convertir tu tragedia en propósito. Vas a escuchar discursos como: «Ya vas a ver como Dios usa esto para bien» y, si no lo escuchas de otros, lo escucharás de ti mismo. Pero escucha esto que te digo, no apresures al Espíritu Santo. No tengas prisa de convertir tu dolor en un testimonio. Permite que tu alma y tu cuerpo procesen el dolor y aprendan a recibir el consuelo de Dios. El Libro de Hechos nos narra que, después de que Jesús ascendiera a los cielos, los discípulos esperaron 50 días de preparación y oración hasta que finalmente llegó el Espíritu Santo y los lanzó a su propósito. El pueblo de Israel pasó 40 años en el desierto antes de llegar a la tierra prometida. Y en ese desierto, donde solo podían depender de Dios, él transformó aquel grupo de esclavos en una nación conquistadora.

Yo no creo que haya un plan maestro detrás del dolor. Yo no creo que Dios te haya enviado un cáncer para que escribieras un libro. Yo no creo que tu hijo querido murió para que comenzaras una institución sin fines de lucro. Pero sí creo que Dios no desperdicia nada. En medio del dolor, tu alma encuentra la oportunidad de buscar refugio en Jesús; y cuando nos refugiamos en Jesús, el Espíritu de Dios puede caer sobre tu tragedia, fortalecer tu corazón, sanar tu alma y transformar tu etapa de dolor por una de sabiduría, consuelo e inspiración a través de tu historia. Solo así es posible usar el caos para crear belleza.

UNA NUEVA TEMPORADA PUEDE COMENZAR CON UNA NUEVA ETAPA DE VIDA

Maritza y yo admiramos mucho el trabajo de John y Lisa Bevere. Podemos comenzar con que John estudió ingeniería, pero sintió un fuerte llamado al ministerio, es un autor y comunicador, igual que yo, pero más adelantado en su camino, así que me siento identificado. Otra similitud es que Lisa edita los libros de John, y Maritza ayuda a que mis escritos tengan sentido. Ellos han aprendido a trabajar juntos y en paralelo, nosotros estamos orando y aprendiendo cómo unir nuestras fuerzas (al momento de escribir este libro estamos en nuestro primer año de casados).

En cierta ocasión, Maritza me estaba contando un poco de la historia de Lisa Bevere. Una de las cosas que me llamó la atención fue que, aunque ha escrito muchos libros y habla en eventos donde ella y John sirven en familia, esperó a que sus hijos fueran más grandes antes de lanzarse de lleno a viajar para ofrecer sus conferencias. Mientras que la etapa de vida de crianza había terminado para Lisa, Dios la estaba llevando a una nueva etapa para llevar su mensaje de una forma más activa e intensa.

Cada etapa de nuestra vida trae consigo prioridades y objetivos. Quizás hoy seas padre o madre, y tu prioridad es criar hombres y mujeres de bien que hoy dependen de ti, pero que mañana serán adultos y tu objetivo no será seguir criándolos. Hoy eres estudiante, y tu prioridad es invertir en tu futuro; no obstante, mañana tendrás que hacer algo con tu preparación y aportar de alguna manera al mundo. Para poder crecer y vivir nuestro propósito de una manera significativa, debemos aprender a cambiar nuestras prioridades y objetivos con las etapas de la vida que vamos alcanzando.

El problema con las etapas de la vida es que olvidamos que son pasajeras. Cuando olvidamos esto, convertimos la etapa de la vida en nuestro único propósito. El peligro de esto es que, cuando esa etapa termina, todo lo que sostiene nuestra identidad se derrumba. Por ejemplo, durante nuestra etapa como estudiantes universitarios, mis amigos Xavier, Josué, Jafet y yo creamos un grupo llamado Experiencia D4. Nuestro grupo no era una banda, hacíamos videos cortos de comedia con la misión de hacer a las personas reír y pensar. Durante varios años hicimos estos videos y las iglesias nos invitaban para llevar un poco de humor, pero a mí se me metió en la cabeza que teníamos que convertirlo en una carrera por el resto de nuestras vidas.

Sin embargo, la etapa de ser estudiantes estaba terminando para nosotros. Xavier se graduó, se mudó a los Estados Unidos y, eventualmente, se casó. Yo me gradué, conseguí trabajo y me casé. Josué se fue al ejército y cuando regresó se casó. Y Jafet se enfocó mucho más en sus estudios, y después se casó. Con el fin de nuestra etapa de estudiantes llegó el fin de la Experiencia D4. No te voy a mentir, ese cambio de etapa me causó mucha tristeza. Uno de los deleites más grandes de mi vida era crear y reír junto a mis amigos. Pero las etapas de la vida cambian y marcan nuevas temporadas. Lo mejor que podemos hacer es disfrutar cada etapa lo mejor que podamos, y mantener los brazos abiertos para recibir la próxima.

Es cierto que los cambios en las etapas de la vida son desafiantes porque requieren adoptar hábitos nuevos y soltar lo que antes era el motor de nuestra vida para lanzarnos a lo nuevo que tenemos en frente. Un cambio de etapa de vida, así sea un cambio alegre, como ver a tus hijos casarse y salir de tu casa, o uno triste como enviudar, merece un tiempo de duelo para poder caminar hacia el próximo capítulo de tu vida. Pero tu propósito no desaparece cuando tu vida entra a una nueva etapa. Tu propósito sigue siendo el mismo. Dios te continúa invitando a participar en su plan de alcanzar y transformar vidas, lo único que tienes que hacer ahora es participar desde una nueva etapa, con nuevas prioridades y nuevos desafíos.

UNA NUEVA ETAPA PUEDE COMENZAR CUANDO LA VIDA TE SORPRENDE CON EVENTOS INESPERADOS

Mis amigos Paul y Thirsa han experimentado su buena porción de giros inesperados en la vida. Ser padres de dos niñas es motivación suficiente para trabajar duro en su negocio como productores de contenido. Poco a poco ellos han logrado hacer proyectos para nuevos clientes y hacer que su negocio sea sustentable. No es para menos, lo único que opaca su pasión y su talento es su dedicación. Pero, aunque Paul y Thirsa están acostumbrados a adaptarse cuando la vida da un giro, ellos no se esperaban que la vida les fuera a dar un doble giro.

En unos pocos meses, Paul y Thirsa fueron víctimas de un robo de todo su equipo técnico y, poco después, la pandemia de la COVID-19 los forzó a cancelar sus compromisos por meses. Para cualquiera, esos dos eventos son más que suficientes para arrojarlos al piso y no levantarse más. Por un momento, Paul y Thirsa pensaron que ese era el caso, pero sabían que no podían quedarse de brazos cruzados.

Cuando la vida da giros inesperados, el golpe inicial hace difícil pensar en soluciones porque tendemos a buscarlas dentro de la misma caja que se nos está destruyendo. Muchas veces los giros que da la vida nos obligan a pensar fuera de la caja y considerar otras alternativas, incluso aquellas opciones que tienes muy cerca de ti, pero que nunca consideraste. Un día, mientras que Paul y Thirsa visitaban a los padres de Paul, ellos comentaban de la dificultad que estaban teniendo para superar su situación. Entonces, los padres de Paul sugirieron una idea:

—A ti que te gusta inventar en la cocina y haces cosas raras como *sushi* y eso… ¿por qué no vendes *sushi* y lo entregas? Ahora mismo la gente no puede ir a restaurantes, y hay mucha gente que ama el *sushi*.

Al principio, la idea parecía un poco descabellada, pero cuando la vida da giros, no nos podemos poner muy mañosos. Así que decidieron emprender con esa idea. Mis amigos ofrecieron su *sushi*, pero lo presentaron bajo un concepto muy creativo y, en pocas semanas, las redes sociales explotaron con recomendaciones y endosos de todos los que probaban el producto. A pocos meses, ese negocio de *sushi* empleó a varias personas y sigue ganando más clientes cada día.

La vida va a cambiar con sus miles de giros e inconvenientes. Pero lo que nunca va a cambiar es que en la vida hay espacio para crecer cuando estamos dispuestos a aportar valor a la vida de los demás en respuesta a la invitación de Dios en nuestras vidas.

UNA NUEVA ETAPA PUEDE COMENZAR CUANDO TUS INTERESES CAMBIAN

Yo invertí gran parte de mi vida tratando de ser humorista. Hacer reír a las personas es adictivo. Pero más emocionante era cuando podía hacer que el auditorio se llenara de risas y luego hacer la transición a una reflexión y convertir el alboroto en un silencio sereno. Sin embargo, llegó el momento que hacer reír se convirtió en un mecanismo de defensa para ser aceptado, para manejar mi orgullo y esconder mis inseguridades. Llegó el punto en que por buscar el chiste y la carcajada, lastimaba a otras personas y yo terminaba luciendo como un necio.

Cuando me mudé a Orlando y vivía solo, Dios me confrontó con un problema. Estaba solo gran parte del día, no tenía con quien hacerme el chistoso. Mi trabajo ya no era pararme al frente y hacer reír a los demás, es más, como en mi nuevo trabajo solo podía hablar inglés, no era tan ágil como con el español y no podía ir detrás del chiste como antes. Era como si arrancaran parte de mi personalidad. Pero en realidad no estaba perdiendo mi personalidad, Dios la estaba restaurando.

Yo no sé cómo Dios trabaja contigo, pero en mi caso Dios coloca en mi mente unas ideas o temas que se convierten en un norte o guía para mi vida. Yo les llamo: «ideas guías». Por ejemplo, cuando Maritza y yo nos conocimos, ella vivía en Puerto Rico y yo en Orlando. Ahora vivimos juntos en Puerto Rico como matrimonio, pero cuando nos conocimos éramos dos extraños que se iban conociendo a distancia. No era fácil; sin embargo, Dios me comenzó a dar una idea guía: «paciencia y sabiduría». Esa idea me ayudó a tomar decisiones con más prudencia y lanzarme a tomar riesgos cuando era necesario.

Cuando llegué a Orlando, Dios comenzó a restaurar mi personalidad con la siguiente idea guía: «en lugar de buscar el chiste, busca la sabiduría». Esa simple idea cambió mi vida, porque cuando comencé a buscar la sabiduría, Dios me mostró mi corazón y no me gustó mucho lo que vi. No era que había maldad y putrefacción, es que había mucha inseguridad y miedo, lo cual tiende a ser la receta para la maldad y la putrefacción a largo plazo, pero ahí vamos. Luego de mostrarme mi corazón, Dios me llevó a la Biblia y me enseñó a meditar en ella para poder manejar lo que me mostró en mi corazón. Hasta que, sin darme cuenta, comencé a cambiar; escuchaba a los demás sin el impulso de interrumpir con un chiste, me expresaba con empatía en lugar de burla y aceptaba la tristeza sin prisa de cancelarla con un chiste.

Ese cambio de interés comenzó una nueva temporada en mi vida y también en mi ministerio como comunicador. Mi mensaje cambió. Mi forma de participar en el plan de Dios es muy diferente de lo que fue hace tres o cuatro años. Ese cambio de interés hacia la sabiduría es lo que abrió paso a esta etapa como autor, porque mi primer libro, *Dibuja tu fe*, trata de cómo usar dibujos sencillos para meditar en la Biblia y crecer en sabiduría. Sí, el humor es parte de mi lenguaje, pero ya no es mi máscara, es mi herramienta de comunicación, como lo es el dibujo. Hoy en día me interesa más ayudarte a ser libre, tener claridad y crecer que simplemente hacerte reír.

Los sábados en Orlando, cuando la temperatura está a 71 °F (22 °C), se sienten tan brillantes y llenos de posibilidades. Uno de esos sábados iba manejando de mi tienda de arte favorita y pensaba en todo esto que te he compartido; así que decidí tener una conversación con Dios.

—Hola, Dios.

—Hola. ¿Qué compraste?

—¿Tú no estabas conmigo en la tienda?

—Sí, pero me gusta que me cuentes.

—Compré unos bolígrafos y una libreta que tiene un papel bien chévere.

—Ah… qué bien. ¿Y tiene un uso particular esta libreta que no tienen las otras diez que ya tienes sin usar?

—No, pero me gusta la idea de tenerla. Uno nunca sabe.

—Claro.

—Oye, te quería preguntar…

—Ajá.

—Tú y yo llevamos meses hablando de mi propósito. Yo me niego a pensar que mi único propósito en esta vida sea trabajar y llegar a mi casa a entumecer mi mente en Netflix.

—O Youtube.

—¿Youtube?

—Tienes que bajarle un poco a Youtube.

—Sí, pero mi punto es que me has estado enseñando que mi propósito no es un misterio que debo resolver, sino una invitación a participar en tu plan de alcanzar a otros.

—Ajá.

—Entonces, mi propósito no es simplemente un trabajo o un ministerio, porque la vida tiene muchos cambios y cada etapa de la vida influye en cómo vivo mi propósito.

—Ajá.

—Pues, esto me confunde porque de momento todo se ve muy abstracto. La idea de que mi propósito es participar en tu plan a lo largo de las diferentes etapas de mi vida es demasiado abierto. ¿Cómo se supone que uno haga eso?

—Una de las capacidades más hermosas que ustedes heredaron de mí es la libertad para crear. Yo les he dado sabiduría y una invitación abierta para que tengan los parámetros adecuados donde puedan usar su libertad y su creatividad para vivir vidas con propósito. Eso significa que yo estoy constantemente ofreciendo dirección, restauración y oportunidades para que vivan su propósito, pero les toca a ustedes usar su sabiduría, su libertad y su creatividad para diseñar vidas alrededor de mi propósito.

—¿Y cómo una persona puede diseñar una vida con propósito?

—Mmm… ¿por qué no les dices tú? Tú eres el ingeniero.

—Pero ¿no es más fácil si me contestas la pregunta y… ¡ah!, esa es una invitación, verdad?

—Sip.

PARTE 2

SOLO TIENES QUE DISEÑARLO

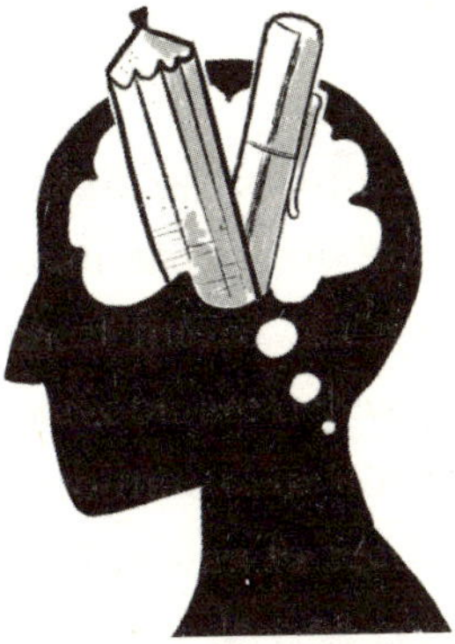

CAPÍTULO 4

PIENSA COMO UN DISEÑADOR

Aunque muchas veces lo tomamos por sentado, la vida es un milagro. A veces se nos olvida porque tú y yo nos levantamos cada día y nos lanzamos a nuestra rutina sin contemplar la grandeza de que todos los elementos correctos se alinearon para que pudiésemos estar vivos hoy.

La vida es frágil. Mientras escribía esta oración, la NASA celebraba que encontró agua en un área de la luna alumbrada por el sol. Esto es un gran hallazgo, porque los científicos han buscado cada rincón del espacio que puedan alcanzar, lugares que puedan sostener vida; hasta ahora, el único lugar que tiene todas las condiciones adecuadas para sostener la vida es el planeta Tierra.

Es interesante que algo tan maravilloso y milagroso como la vida sea tan caótico, en especial la vida inteligente de los seres humanos. Nuestra vida está tan llena de drama, incertidumbre y caos, mientras tratamos de que tenga algo de significado. Quizás tenga mucho que ver con el origen mismo de la vida que nos presenta la Biblia.

En Génesis 1 y 2 Dios se encuentra con un problema; todo lo que veía era caos. Dice la Palabra que mientras el Espíritu de Dios se paseaba, todo estaba desordenado y vacío. Y luego vemos la respuesta de Dios al primer problema: comenzó a crear para convertir el caos en belleza. En este caso, Dios utilizó una de las expresiones más estructuradas de la creatividad, es decir, el diseño.

La universidad francesa de diseño, Strate, define diseño como el proceso de visualizar y planificar la creación de objetos, sistemas, etc., de una manera centrada en las personas con el fin de resolver un problema o necesidad.[2]

Podemos ver el diseño de Dios en la manera en cómo dividió las aguas, el aire y la tierra y creó seres vivientes que conectan cada uno de estos tres ambientes en un ecosistema diverso capaz de sostener la vida. Eso es diseño en su máxima expresión. Y ese es el primer legado que Dios nos ha dejado, la capacidad de ver el caos, transformarlo y diseñar algo hermoso y funcional. Cuando usamos nuestra vida para elevar a otros, al ayudarles a sanar, crecer, superarse y conocer el amor de Jesús, estamos diseñando vidas que cumplen su propósito, según ya lo discutimos.

Como hablamos al principio, vivir es mucho más que existir. Para existir, solo falta dejarse arrastrar y definir por las circunstancias y llamarlo «suerte». Para vivir con propósito, yo me atrevería a decir que necesitamos una mentalidad de diseñador.

2. Strate School of Design, «What is Design», consultado el 27 de agosto del 2021: https://www.strate.education/gallery/news/design-definition.

UNA MENTALIDAD DE DISEÑADOR CULTIVA LA CURIOSIDAD

Este tipo de mentalidad te permite hacer preguntas y considerar diferentes ángulos y perspectivas. Cuando Moisés vio la zarza que ardía, sintió curiosidad, y eso lo llevó a escuchar la voz de Dios. Uno podría argumentar que también fue la curiosidad la que nos sacó del Edén, pero, como cada una de nuestras cualidades humanas, cuando la curiosidad se alinea al corazón de Dios, puede marcar el principio de una gran aventura.

UNA MENTALIDAD DE DISEÑADOR SE ENFOCA EN LAS PERSONAS

En unos de mis proyectos más recientes como ingeniero creamos una página web con formularios que las personas pueden usar para recibir ayuda económica. En este proyecto tuvimos la encomienda de considerar que la aplicación sea accesible a personas no videntes que usan los lectores de pantallas para nuestra aplicación. Esa consideración cambió considerablemente cómo construimos cada página e incluso cambió las funcionalidades y la manera de mostrar la información. Contrario a la creatividad artística, donde uno crea para expresar su sentir, el diseño requiere de nosotros la empatía para poner a otros primero.

Diseñar vidas con propósito requiere de nosotros empatía. Hacer cosas para alimentar nuestro ego parecería que nos llevarán lejos, pero su trascendencia no es eterna. Una vida significativa tiene como bandera el gran mandamiento de Jesús:

> *Así que ahora les doy un nuevo mandamiento: ámense unos a otros. Tal como yo los he amado, ustedes deben amarse unos a otros. El amor que tengan unos por otros*

será la prueba ante el mundo de que son mis discípulos (Juan 13:34-35).

UNA MENTALIDAD DE DISEÑADOR ABRAZA LA COMPLEJIDAD

Diseñar vidas con propósito requiere que no le temamos al caos que nos presenta la vida. La vida está llena de incertidumbre, cosas que parecen injustas y asuntos que no podemos controlar. Muchas personas utilizan estos factores para cuestionar la necesidad de planificar, visualizar, soñar…, después de todo, la vida no siempre parece suscribirse a nuestros planes. Yo pienso que debe ser todo lo contrario. La vida trae caos, pero fuimos hechos para adaptarnos y crear vidas en medio de escenarios difíciles.

En el Libro de Jeremías, cuando el pueblo de Israel se encontraba en medio del exilio, Dios les exhortó a cada uno de ellos a que abracen el caos donde se encontraban para crear vidas plenas:

> *Esto dice el Señor de los Ejércitos Celestiales, Dios de Israel, a los cautivos que él desterró de Jerusalén a Babilonia: «Edifiquen casas y hagan planes para quedarse. Planten huertos y coman del fruto que produzcan. Cásense y tengan hijos. Luego encuentren esposos y esposas para ellos para que tengan muchos nietos. ¡Multiplíquense! ¡No disminuyan! Y trabajen por la paz y prosperidad de la ciudad donde los envié al destierro. Pidan al Señor por la ciudad, porque del bienestar de la ciudad dependerá el bienestar de ustedes»* (Jeremías 29:4-7).

Abrazar la complejidad de la vida no necesariamente significa que nos tenga que gustar pasar por momentos difíciles y vivir de complicaciones en complicaciones. Pero sí significa que la manera en la que reaccionamos a las sorpresas de la vida marcará la diferencia. No es fácil, porque el caos de la vida nos drena física y emocionalmente, pero en medio de la invitación de Dios a ser resilientes en medio del caos, Dios nos ofrece una promesa para recordarnos que hay esperanza en medio de la dificultad. Hoy puede parecer caótico, pero nuestra historia no ha terminado de escribirse:

> *Pues yo sé los planes que tengo para ustedes —dice el* Señor*—. Son planes para lo bueno y no para lo malo, para darles un futuro y una esperanza* (Jeremías 29:11).

UNA MENTALIDAD DE DISEÑADOR EXPERIMENTA E ITERA

Un profesor que tuve en la universidad decía: «No te enamores mucho de tu idea. En tu mente va a parecer bien bonita, pero cuando esté frente a un usuario, va a tener que transformarse o morir para darle espacio a una idea mejor».

¿Sabes por qué muchas personas viven estancadas? Porque viven enamoradas de sus ideas. Viven enamoradas de sus ideas sobre sus sueños. Viven enamoradas de sus ideas sobre cómo debe ser su futuro. Viven enamoradas de sus ideas sobre cómo quieren ser vistos. A veces sus ideas ocupan el lugar de Dios. Cuando vivimos muy enamorados de nuestras ideas, las queremos mantener tan seguras en nuestra mente que no nos atrevemos a exponerlas al fracaso. Pero el fracaso no es una señal de que el juego ha terminado, sino una oportunidad para transformar nuestras ideas y crecer en el proceso.

Cuando tomamos decisiones con una mentalidad iterativa, nos damos cuenta de que las ideas en nuestra mente no siempre son certeras; pero, si nos atrevemos a transformarlas mediante el proceso de iterar y experimentar, podemos terminar descubriendo algo que traiga innovación y satisfacción a nuestra vida.

Esta mentalidad nos ayudará a resistir el miedo a cometer errores y que nos impide comenzar algo nuevo, tomar riesgos o ir detrás de nuestros sueños. ¿Por qué? Porque sabemos que Dios es misericordioso y nos levanta (Proverbios 24:16), nos sacude el polvo y nos envía a intentarlo de nuevo con nueva sabiduría.

UNA MENTALIDAD DE DISEÑADOR SE ATREVE A SER VISUAL

En el Libro de Habacuc, Dios le pide a Habacuc que escriba sus oraciones junto con las respuestas que recibía de Dios:

> *Escribe mi respuesta con claridad en tablas, para que un corredor pueda llevar a otros el mensaje sin error* (Habacuc 2:2).

Nuestro mejor aliado para diseñar, reflexionar y compartir nuestras decisiones, es un lápiz y papel. Escribir o dibujar nos ofrecen algo que es imprescindible para cualquier diseñador, nos ofrece claridad, y es que así nos da la claridad para pensar de una manera más abarcadora ver el escenario completo. Nos da claridad para mirar hacia atrás y poder meditar en nuestras ideas y decisiones del pasado. Nos da claridad para que otros puedan entender y unirse a nuestra visión para cumplir nuestro propósito en áreas particulares de nuestra vida. Ser visual no se trata de forzarte a ser artista, la idea es ayudarte a ver para crecer.

UNA MENTALIDAD DE DISEÑADOR BUSCA LA COLABORACIÓN

> *Es mejor ser dos que uno, porque ambos pueden ayudarse mutuamente a lograr el éxito. Si uno cae, el otro puede darle la mano y ayudarle; pero el que cae y está solo, ese sí que está en problemas. Del mismo modo, si dos personas se recuestan juntas, pueden brindarse calor mutuamente; pero ¿cómo hace uno solo para entrar en calor? Alguien que está solo puede ser atacado y vencido, pero si son dos, se ponen de espalda con espalda y vencen; mejor todavía si son tres, porque una cuerda triple no se corta fácilmente* (Eclesiastés 4:9-12).

Nuestro propósito está hecho para la colaboración. La misma declaración de nuestro propósito es una invitación de parte de Dios hacia nosotros para colaborar.

Bob Goff escribe en su libro *Dream Big* [Sueña en grande]: «Si estás seriamente comprometido con tu sueños, rodéate de personas que te amen».

Diseñar vidas que transformen el caos en algo hermoso requiere que colaboremos con personas que nos ofrezcan su amor, su sabiduría, su apoyo y sus dones. Caminar solos muchas veces parece ser más fácil, pero caminar juntos es mucho más memorable y efectivo. Lo hermoso de diseñar vidas con propósito juntos es que todos nos adueñamos de lo que estamos construyendo. Cuando nos unimos, el propósito que estamos creando es responsabilidad de todos porque todos estamos emplazados en colaborar para alcanzar una visión y ver personas transformadas en el proceso. Ese compromiso comienza con Dios, luego contigo y por las personas de las que te rodeas.

HABLEMOS DE NUESTRO PROCESO

Cuando era estudiante de ingeniería de computadoras, aprendí la importancia de tener un proceso sistematizado. La belleza de los procesos es que eliminan la necesidad de tomar muchas decisiones innecesarias y nos da espacio para considerar las decisiones que realmente importan para hacer cosas significativas. Un proceso no es una camisa de fuerza, de hecho, yo encuentro que nos ofrece el escenario para experimentar ideas nuevas, adaptarnos e innovar.

Si vamos a diseñar vidas con propósito, necesitamos un proceso que nos ayude a eliminar la ansiedad que viene con las infinitas posibilidades que nos rodean. Un proceso nos da claridad y, cuando tenemos claridad, obtenemos libertad y es en la libertad donde vivimos al máximo de nuestro potencial. Voy a compartir contigo el proceso que usaremos para diseñar vidas con propósito. Este proceso está basado en prácticas de diseño que uso en mi profesión como ingeniero para desarrollar aplicaciones digitales, junto con principios de la terapia LOGOS, de Viktor Frankl, principios de «Visual Thinking» [pensamiento visual] y «Design Thinking» [pensamiento de diseño].

Durante las siguientes páginas te voy a presentar los 5 pasos de nuestro proceso para diseñar nuestro propósito. Recordar los pasos es fácil porque solo tenemos que recordar que vamos a CREAR.

1. **C**omienza por el final.
2. **R**oles de responsabilidad.
3. **E**stablece tus ambiciones.
4. **A**naliza dónde estás parado.
5. **R**ealiza pasos de fe.

Claro está, cada uno de estos pasos conlleva una serie de decisiones y ejercicios en los que trabajaremos juntos en los próximos capítulos. Considera las siguientes páginas como una sesión de *coaching*, donde juntos vamos a darle forma a una visión más clara de tu propósito y las decisiones que vas a tomar para CREAR una vida que se vive a propósito.

SEPARA EL ESPACIO ADECUADO

Te recomiendo que separes los siguientes recursos para sacarle el mayor provecho a este proceso de CREAR:

- **Separa tiempo.** Por lo general leemos libros con la idea de completar una cuota de capítulos cada día, o simplemente pescamos algunas ideas claves y seguimos con el siguiente capítulo. Te invito a que dediques un tiempo para reflexionar y tomar las decisiones que te sugiero en cada capítulo. El proceso de CREAR te motivará a observar de manera honesta tu presente, pasado y futuro, cosas que no se pueden hacer a la ligera. Te recomiendo que aproveches la calma de las mañanas para leer los principios de este proceso y poner en práctica los ejercicios. Si quieres ser aun más intencional y puedes hacerlo, separa unos días para realizar tu propio retiro personal y encontrar claridad, libertad y enfoque. Yo tuve una versión de mi retiro personal en Orlando —duró un año y medio— y de allí nacieron este libro y *Dibuja tu fe*. Claro, yo entiendo que no siempre es posible separar un año, pero quizás puedas comenzar por separar unas horas. Créeme, te lo vas a agradecer.
- **Busca una libreta.** Como todo proceso intencional, es importante poner papel y lápiz. En nuestro proceso de

CREAR es importante reflexionar en el pasado, monitorear el presente y planificar el futuro, y eso lo vamos a hacer con una libreta. En la medida que sea posible, dedica una libreta para este proceso, así podrás regresar a tus notas cuando lo necesites.

- **Busca un espacio.** Yo no tengo un espacio único para ser creativo o tener un tiempo íntimo con Dios. Hay veces que paso días usando una terraza y luego paso semanas usando el mismo cuarto. Lo que sí debes considerar es que el espacio que uses te ayude a limitar distracciones. Quizás tu espacio es en la naturaleza, quizás es un rincón sin ventanas, quizás son ambos. La lógica nos dice que el mejor espacio es un espacio que no tenga ruido, pero esto no es necesariamente cierto; hay quienes les funciona mejor los lugares concurridos como plazas o cafeterías. En mi caso, hay veces que necesito estar rodeado de personas y otras veces necesito total silencio. No importa el tipo de espacio que te funcione, el denominador común es que puedas encontrar silencio en tu alma y eliminar las interrupciones.

Haz un acuerdo contigo hoy de ser intencional en tomar decisiones por escrito, tomar acción sobre lo que decidiste y luego reflexionar para hacer ajustes. Yo he descubierto que así, y solo así, progresamos en nuestra misión de vivir vidas significativas que cumplan el propósito de Dios para nosotros.

Muy bien, pues vamos a lo que vinimos... comencemos por el final.

CAPÍTULO 5

EL SOLO DE ELIZA

CREAR: Comienza por el final.

Lin Manuel Miranda llevó a Alexander Hamilton de ser un hombre prácticamente escondido en las páginas de la historia a ser una celebridad del hiphop. Ese nuevo estatus de celebridad ha logrado muchas cosas. Primero, supongo que ha logrado que Lin Manuel sienta una presión inmensa cuando piensa en escribir un musical nuevo. Ese nivel de éxito abre muchas puertas, pero también puede estancar la creatividad.

Otra cosa que causó la celebridad de Hamilton como estrella musical, es que generó un interés popular por la historia de, no solo Alexander, sino también del resto de los personajes que aparecen en la obra. Yo pasé dos horas leyendo sobre el marqués de Lafayette con una curiosidad inmensa inspirada por una de las canciones del musical. Para ponerlo en perspectiva, yo tuve que estudiar a Lafayette en mi clase de historia, y fue la experiencia más pesada de mi adolescencia. Apuesto a que si mi maestra nos hubiese mostrado a Lafayette rapeando a 6 palabras por segundo, yo hubiese estudiado para ese examen con un hambre voraz.

Otro personaje que capturó mi atención y mi imaginación fue Eliza, la esposa de Hamilton. Nuevamente, fue una canción la que me hizo mirar su historia. La canción de Eliza es un solo que cierra la obra donde ella habla de todo lo que hizo con su vida una vez que quedó viuda de Alexander. Ella vivió una vida larga y plena, llena de logros extraordinarios; como la creación de un orfanato y una escuela gratuita. Pero creo que la canción resume bien lo que distingue la plenitud y el significado de la vida de Eliza. Ella estaba empeñada en ser parte de la narrativa de la historia.

Esto significa que Eliza, al igual que su esposo, quería escribir una buena historia con su vida, pero que al mismo tiempo su vida aportase a la narrativa de una historia más grande que ella. Desde mi perspectiva, yo veo que ella aportó a la narrativa de la historia de sus hijos, la de su ciudad, incluso su país, y también en la narrativa de cientos de niños de su época.

Una vida con propósito y vivida a propósito busca ser parte de una narrativa que va más allá de uno mismo. Quizás es hacer algo que tenga un impacto local o mundial, o quizás es aportar a la narrativa de las vidas que te rodean. No importa qué tan grande o pequeña parezca nuestra aportación, vivimos a propósito cuando pensamos en el legado que estamos dejando.

TODOS DEJAMOS UN LEGADO

Quizás no lo parezca cuando ves una foto de mi cabeza, pero yo soy bastante velludo en mis brazos y piernas (y barba, claro). ¿Qué tan velludo te preguntas? Pongámoslo de esta forma: si Jacob me ve, me compra la primogenitura.

Cada mañana cuando me levanto de mi cama siempre dejo un rastro de vellos en nuestras sábanas blancas. Para Maritza es mortificante levantarse en la mañana y tener que recoger pelitos para hacer la cama. Para mí es inevitable dejar rastros de pelo a mi paso. No lo hago de manera intencional, ni tampoco me satisface ver el desagrado que genera (y la constante necesidad de limpiar) cada mañana. Pero me di cuenta de que yo puedo ser intencional en dejar algo más agradable cuando me levanto. Así que decidí hacer algo diferente cada mañana cuando salgo de la cama, hago café para los dos y le llevo a Maritza su taza a la cama. Todavía hay algo de quejas por mis pelitos, pero las mañanas son mucho más placenteras.

Cuando Dios le estaba dando forma a la nación de Israel les dejó claro que ellos tenían la capacidad de escoger el legado que querían dejar escrito en su historia:

> *El cielo y la tierra son testigos de que hoy les he dado a elegir entre la vida y la muerte, entre la bendición y la maldición. Yo les aconsejo, a ustedes y a sus descendientes, que elijan la vida* (Deuteronomio 30:19, TLA).

A pesar de que han pasado miles de años y nosotros no somos parte de aquella cultura, este principio que Dios le impartió a Israel nos continúa invitando a reflexionar cómo queremos vivir nuestra vida. Dejemos algo muy claro, cuando pasemos por este mundo siempre vamos a dejar un legado. Es como la inevitable huella que permanece cuando caminamos por la arena. La pregunta no es si vas o no vas a dejar un legado con tu vida, la pregunta es QUÉ legado vas a dejar con tu vida. ¿Tu legado será definido por un rastro de dolor y desagrado; o será definido por las vidas que ayudaste a elevar? La buena noticia es que tú puedes decidir cuál será tu legado.

PARA CREAR UN LEGADO COMIENZA DESDE TU SOLO AL FINAL

El primer paso del método CREAR para diseñar tu propósito es crear tu «solo al final». Eso es una manera elegante de decir que vamos a hacer tu esquela, por más lúgubre que parezca. Pero el valor estratégico de este ejercicio es enorme porque la mejor manera de crear un buen sistema es tener una visión del resultado final. Esa es la diferencia entre dejar un legado con una vida intencional con reaccionar al día a día y dejar un legado carente de significado.

SACA TU LIBRETA

Muy bien, es tiempo de buscar tu libreta y comenzar a visualizar tu «solo del final». Separa tiempo para pensar, reflexionar y anotar con los siguientes pasos:

Paso uno: haz un listado de las diferentes personas que, de una forma u otra, entran en contacto contigo. No tienes que nombrar a cada persona individualmente, puedes agrupar tus relaciones por categorías.

Piensa en las relaciones más cercanas a ti como tu pareja, tus hijos, tus amistades, tu familia. Considera también tus relaciones profesionales. Estas son las personas que son alcanzadas por tu trabajo, tus pasatiempos, tu trabajo voluntario u obras de caridad.

Ahora quiero que pienses en los encuentros casuales y al azar que, por lo general, no le prestamos mucha atención. Por ejemplo, piensa en el barista que tomó tu orden de café esta mañana, o la persona que iba detrás de ti en la fila del supermercado.

Considerar cada una de nuestras interacciones es importante porque nunca sabemos el impacto que tiene un gesto o una palabra. Pero los gestos y las palabras son los que le dan forma a nuestro legado.

Paso dos: una vez que tengas tu lista, piensa en cómo quisieras ser recordado por cada una de esas personas si tuvieran que ponerse de pie para compartir unas palabras sobre ti si es que tu funeral fuera hoy mismo. Quizás en el proceso te das cuenta de que no todas las relaciones en tu lista tienen que estar en tu «solo del final», y eso está bien. Lo importante es que, con las relaciones que decidas hacer este ejercicio, procura que no seas ambiguo con cómo quieres ser recordado, sé tan específico y realista como puedas.

Cuando hicimos este ejercicio con David, un vendedor de seguros y líder en su congregación, él escogió a sus hermanos como una de las relaciones claves que él quería incluir en su «solo del final»:

Quiero que mis hermanos recuerden cómo yo mostraba mi fe y amor con ellos al igual que lo demostraba en la iglesia. Cada vez que hablábamos teníamos conversaciones honestas sobre las cosas que eran importantes para nosotros y las cosas que nos llenaban de temor. En nuestras conversaciones, mi fe era una inspiración para sus vidas porque la veían en acción en mi vida, no porque se sentían juzgados o regañados por mi fe.

Silvia, una representante de recursos humanos y madre de dos niños y una niña, incluyó a sus compañeros de trabajo inmediato en su «solo». Ella y sus tres compañeras tienen sus escritorios en una esquina de su piso y les dieron el sobrenombre «Las chicas de la esquina sabrosa»:

Quiero que mis chicas de la esquina sabrosa recuerden mi lealtad total hacia ellas. Cómo mi compromiso con la excelencia en mi trabajo nunca opacó mi compromiso para el crecimiento de ellas. A veces eso significaba darles un jalón de orejas y tener momentos incómodos, pero nunca se sintieron traicionadas o utilizadas por mí. Ellas siempre podían confiar en mí cuando les decía un SÍ y podían respetar y entender cuando les decía que NO, eso les hacía sentir seguras porque sabían que tenían a alguien leal que valoraba trabajar junto a ellas.

La mejor manera de hacer este ejercicio en tu libreta es comenzar cada grupo con «Quiero que _______ recuerde _________».

Tu legado siempre se va a tratar de lo que dejas atrás en las personas que interactuaron contigo. Reconocer que vas a morir, y pensar cómo quisieras ser recordado hoy mismo te va a dar, a parte de un poco de incomodidad, la claridad de que el tiempo es limitado y debemos aprovecharlo construyendo momentos significativos en la vida de los demás.

Paso tres: Lee cada una de las declaraciones que escribiste. Trata de identificar un patrón de cómo quieres ser recordado en la vida de cada persona. Ese patrón lo vamos a llamar tu lema de vida. Un lema de vida es una declaración que conecta la motivación detrás de tus decisiones. Tu vida lleva consigo un mensaje. Todos tenemos algo que decir con nuestra vida, lo que sucede es que no todo el mundo se da cuenta.

Piensa en las historias que escuchas en los libros o en las películas. Todas tienen un lema que dirige la trama. Todo lo que ocurre en la película es para decirnos algo. Por ejemplo, en la película de *Los vengadores* (Avengers), el lema es: «Las personas pueden hacer cosas extraordinarias cuando unen sus talentos». La próxima vez que veas la película piensa en este lema y vas a ver cómo las escenas y el diálogo aportan comunicar esa idea.

Cada decisión que tomas y cada momento en tu vida es como una escena que aporta a una idea central. Hay personas que no están conscientes de este hecho y no tienen la oportunidad de escribir su propio mensaje con sus vidas. Es por eso que este ejercicio es tan importante. Porque tu vida puede ser una enseñanza de inspiración, o una enseñanza de precaución. Cuando decidas cómo quieres ser recordado por las personas que te rodean, podrás definir el mensaje que compartes con tu vida. Y cuando definas tu lema, encontrarás dirección, claridad y propósito en tus interacciones y en los proyectos que emprendas.

Por ejemplo, Angélica escribió declaraciones de legado para su matrimonio, sus clientes, como entrenadora personal, su hijo adolescente y las demás madres del equipo de baloncesto donde juega su hijo. Angélica se dio cuenta de que cada una de sus declaraciones de legado tenían algo en común: había un deseo de acompañar a otros a hacer cosas difíciles que les haga ganar un poco más de autoconfianza. Así que escribimos el siguiente lema para Angélica: «Puedes lograr cosas difíciles cuando crees en ti. Crees cada día más en ti cuando logras cosas difíciles».

Pilar es viuda y madre soltera y, en esta etapa de su vida, su declaración de legado se centró solo en sus hijos. No obstante, en esa etapa de su vida, ella encontró un lema que describe el mensaje de su vida. Ella decía que ser viuda y criar niños pequeños no era el escenario que tenía para su vida, y esa diferencia entre su situación real con su situación ideal le causó mucho sufrimiento. Sin embargo, ella no quería que sus hijos crecieran pensando que eran víctimas del escenario en el que vivían y que por eso su vida rondara solo alrededor de su carencia. Para ella, que no tuviesen a su papá, no debía limitarlos de sus metas. Ella me decía: «Que su papá no esté, no significa que sus títulos deban ser huérfanos. Ellos son quienes escogen lo que pueden ser, no sus circunstancias». Así que ese fue el lema que identificamos en la vida de Pilar. Cuando ella vio ese tema escrito en papel sus ojos fueron abiertos y yo pude notar una chispa que despertó en su corazón.

Como no estoy presencialmente contigo para ayudarte a escribir un lema de vida, te voy a ofrecer una plantilla que te puede ayudar a pensar:

Cuando ocurre A, el resultado es B.

Usemos nuestra plantilla en el ejemplo de Pilar: *Cuando tus circunstancias no te definen puedes lograr lo que te propongas.*

En mi caso, un lema que describe mi vida sería: *Cuando vivimos con claridad tomamos decisiones que le dan significado a nuestra vida.*

Paso cuatro: vamos a unir los pasos anteriores y crear una sola declaración de legado.

En el caso de David, su solo del final se ve de la siguiente manera: David era conocido como una persona honesta, generosa y transparente con todos los que le conocían. Sus hermanos encontraron en David el mejor de los amigos. Siempre se buscaban para compartir un café y reír juntos. Pero también sabían que cuando necesitaran un consejo, David iba a escuchar cada palabra antes de dar su opinión desde sus propios conflictos y experiencias. A pesar de que sus hermanos no compartían la fe de David, siempre buscaban y hacían caso a su sabiduría.

A pesar de que sus cinco años en la industria de seguros parece ser una carrera corta, David gozaba de una amplia cartera de clientes que confiaban plenamente en él. La confianza que David gozaba de sus clientes no solo se veía en sus ventas, sino en cómo sus clientes lo recomendaban constantemente y aceptaban sus recomendaciones. La reputación de David entre sus clientes y colegas era que él solo ofrecía lo que sus clientes necesitaban, nada más y nada menos.

David era un cristiano devoto a su relación con Dios y con la comunidad de su iglesia. A pesar de su juventud, ocupó cargos dentro de la junta de líderes de su iglesia. Una de las cualidades que le ganaron ese cargo era la influencia que tenía David con los miembros de la congregación y su capacidad de escuchar y hacer sentir amado desde el más anciano hasta el más joven.

Su vida nos enseñó que cuando somos transparentes con los demás, nos convertimos en personas de influencia.

Paso cinco: ahora viene la mejor parte. Repasa diariamente tu «solo del final» y compara cómo la vida que llevas hoy se compara con los recuerdos imaginarios que escribiste. Pregúntate si las decisiones que has tomado hasta ahora aportan al lema que identificaste para tu vida.

Esto es muy importante porque cuando hacemos una comparación honesta, nos damos cuenta de los ajustes que debemos hacer en nuestras metas y nuestras relaciones. Quizás la relación que David tiene hoy con sus hermanos no se parece a la relación que él describió en su declaración de legado. Eso lo llevará a diseñar un plan de vida que incluya trabajar la relación que desea tener con sus hermanos.

En cuanto a sus clientes, es posible que David considere que su interacción con sus clientes se parezca al legado que desea dejar, pero de momento se da cuenta que TODOS los clientes de la industria de seguros merecen el trato transparente que tienen sus clientes. Es posible que esa idea lo lleve a buscar un puesto alto en una compañía, o crear su propia empresa que cambie la forma de vender seguros.

Muchas personas muestran resistencia a la hora de hacer este ejercicio. Una de las preocupaciones más comunes es pensar qué va a pasar si nuestra vida cambia y la declaración de legado queda obsoleta. Recuerda, la vida está llena de etapas, siempre hay espacio para revisar nuestro plan. El ejercicio CREAR quedará escrito en papel, no en piedra. El propósito es crear una guía, no una camisa de fuerza. La idea es que puedas revisar o rehacer este método en momentos claves de tu vida.

No tomes a la ligera este primer paso del método CREAR, no importa lo incómodo que sea enfrentar tu propia mortalidad. Cuando pensamos en nuestro «solo del final», como si hoy fuera nuestro último día en esta vida, y creamos una declaración de legado, tendremos una dirección muy clara para definir las decisiones y aspiraciones que llenarán nuestra vida de propósito y significado.

CAPÍTULO 6

ÁREAS DE PLENITUD Y TUS ROLES DE RESPONSABILIDAD

CREAR: Roles de responsabilidad.

Desde pequeño tengo una costumbre que aún no sé definir si es buena o mala. A veces me hace sentir bien conmigo mismo. Otras veces me hace sentir que soy el peor. Pero independientemente de lo que me haga sentir, siempre me trae un poco de claridad sobre mí. Cada vez que alguien menciona una cualidad de otra persona a mí me da con preguntar cómo ven esa cualidad en mí. Por ejemplo, si alguien está hablando de que otra persona es muy analítica, en algún momento yo voy a preguntar sobre cómo ven esa cualidad en mí.

En cierta ocasión, unas amistades estaban hablando de un muchacho nuevo que llegó a la iglesia. El tema de las chicas de mi grupo de amistades era lo «misterioso» que era el chico. Por misterioso, supongo que se referían a que era muy callado y hacía cosas que les sorprendía. Como las chicas estaban tan fascinadas con el aire de misterio que rodeaba a este muchacho, a mí me dio curiosidad de qué tipo de aire me rodeaba a mí. Así que pregunté. Resulta que yo no caigo en la categoría de «misterioso», sino bajo la de «predecible», ¡ay!

No voy a mentir, me ofendí un poco. Yo no quería ser predecible. Para mí predecible es aburrido y unidimensional. Yo no soy una sola cosa.

Resulta que ser predecible no es lo mismo que ser unidimensional. Ser predecible significa que, una vez que escoges algo que te agrada o te funciona, lo vas a hacer constantemente. Por ejemplo, en mi caso, todos los viernes en mi casa hacemos pizza.

Tu podrás ser predecible. Quizás te llamen aburrido porque tus intereses no son tan interesantes para otros. Quizás seas rutinario. Lo que nunca vas a ser es unidimensional. Todos estamos formados por capas de ideas, relaciones e historias que añaden dimensión a nuestra vida. La mejor manera de ver la profundidad de tu vida es mirando tus roles. Cuando yo era actor tuve que interpretar muchos roles: fui tío, hermano, amigo, maestro, azafato, discípulo. Quizás tú no eres actor, pero en tu vida cumples muchos roles.

Nuestra vida está compuesta de roles. Y esos roles están definidos por nuestras áreas de plenitud. Tu propósito se vive a través de los roles que asumes en tu vida. ¿Por qué? Porque tu propósito comienza a tomar forma cuando te haces responsable por algo. Asumir responsabilidad es el primer umbral de una vida con propósito. Cuando diseñamos nuestro propósito en cada temporada de vida, es sumamente importante asumir roles de responsabilidad que traigan un balance a nuestras áreas de plenitud. Ese balance es lo que trae significado a nuestra vida; de lo contrario, simplemente estarás ocupado.

Así que vamos a ver qué son las áreas de plenitud, los roles de responsabilidad y cómo usarlos para vivir vidas significativas.

ÁREAS DE PLENITUD

Las áreas de plenitud son los cuatro componentes de nuestra vida que constantemente buscamos satisfacer para sentir que vivimos plenamente. Si conoces un poco de psicología (o mercadeo), es probable que la idea de áreas de plenitud te suene parecida a la pirámide de necesidades de Maslow que dictan las motivaciones detrás de nuestro comportamiento.

Yo creo que las cuatro áreas de plenitud que constantemente perseguimos vienen amarradas a nuestro diseño como seres humanos y se puede ver su origen desde Génesis. Así que voy a ir presentando cada área de plenitud mientras repaso la historia de su origen.

> *Luego el Señor Dios formó al hombre del polvo de la tierra. Sopló aliento de vida en la nariz del hombre, y el hombre se convirtió en un ser viviente* (Génesis 2:7).

1. **Primera área de plenitud: nuestro bienestar físico y personal.** Dios formó al hombre del polvo de la tierra. Esto nos enseña que Dios nos dio un cuerpo. Al darnos un cuerpo nos dio la responsabilidad de cuidarnos a nosotros mismos. Aquí entra la necesidad de velar por nuestro bienestar físico y mental y nuestra autoestima. Por eso es importante velar por lo que comemos, ejercitarnos y descansar.

2. **Segunda área de plenitud: nuestro espíritu.** Luego de que Dios formó nuestro cuerpo, dice la Biblia que sopló

aliento de vida. La palabra que usa el texto original es la palabra hebrea *rúakj*, que significa espíritu. Dios no solo sopló como si fuera un pastel de cumpleaños. Dios depositó en ti y en mí su esencia. Es en ese momento que la Biblia registra que tuvimos vida. En nuestro espíritu se encuentra la fuente de nuestra vida (Proverbios 4:23). Una vida espiritual saludable nos ayuda a cultivar calma, dominio propio, prudencia, mejor estado de ánimo y manejo de ansiedad. Claro está, el primer paso para una vida espiritual saludable es hacernos discípulos de Jesús. Luego, yo solo he visto dos formas de crecer en nuestra vida espiritual: oración + lectura de la Biblia, y amar / servir a otros. Esto responde al mandato de Jesús de amar a otros como él nos amó (Juan 13:34)

3. **Tercera área de plenitud: nos dio una vocación.** Un aspecto importante en nuestra vida es tener proyectos. Una misión le da dirección a nuestra vida. Cuando Dios creó a Adán le dio trabajo que hacer. Dice el Libro de Génesis que Adán era el encargado de nombrar a los animales. Esta tarea no nace porque Dios necesitaba empleados de mantenimiento; nace porque vio que Adán estaba solo (Génesis 2:18). En nuestro diseño, tener algo que hacer, es un factor importante para vivir en plenitud. Para efectos de nuestra conversación, cuando digo proyectos me refiero a trabajo. Puede ser trabajo laboral, pasatiempos, trabajo voluntario, labor comunitaria, etc.

4. **Cuarta área de plenitud: nos dio relaciones.** Finalmente, Dios seguía notando que el hombre necesitaba compañía. El trabajo, el autobienestar, la espiritualidad no son

> suficientes por separado. Como puedes ver, el ser humano necesita relacionarse. Todos necesitamos ser parte de una comunidad; comenzando por la familia. Cuando Dios crea a Eva, se da cuenta de que por fin tenía todos los elementos para crear seres humanos plenos.

Durante todo el relato de la creación en los primeros capítulos de Génesis, Dios decía que las cosas que creaba eran «buenas». ¿Los cielos? «Bueno». ¿Los animales? ¿El sol y la luna? «Bueno». Pero cuando terminó de perfeccionar a la humanidad, con sus cuatro áreas de plenitud, Dios usó la expresión «muy bueno». Piensa en esto: cuando llegaste a este mundo, llegaste con todo lo necesario para una vida «muy buena»; lo único que resta es vivirla al máximo dentro de las áreas de plenitud que Dios incluyó en tu diseño.

SIN MÍ NO PUEDEN HACER NADA

Cuando observamos las áreas de plenitud a la luz de la Biblia, el pasaje de Juan 15:5, que vimos hace unos capítulos atrás, se hace mucho más claro. La plenitud que buscamos para nuestra vida se consigue en Dios, porque fue formada por Dios para nutrirse de Dios; tal y como los pámpanos se nutren de la vid. Cuando pienso en una representación visual de las cuatro áreas de plenitud, visualizo algo así:

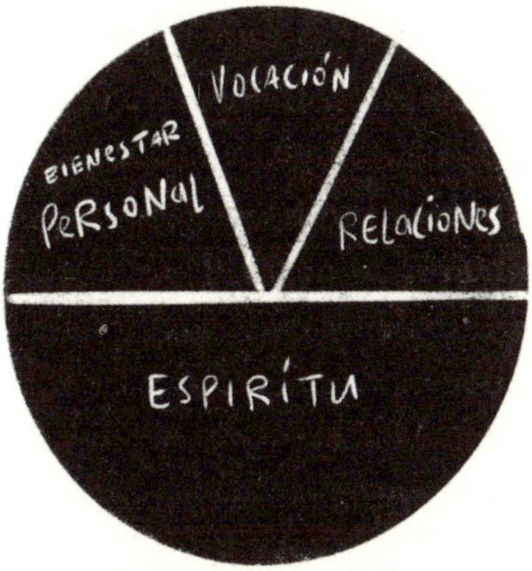

Nuestra madurez espiritual (fortalecida en una relación con Dios) sostiene las demás áreas de plenitud de nuestra vida. Por eso es que vemos que desde el momento en que la humanidad se rebeló contra Dios ha luchado a lo largo de toda la historia, de generación en generación, por restaurar la plenitud en su vida. El problema es que la corrupción entró a nuestra genética y, a pesar de que luchamos por vivir en armonía con nosotros y con los demás, nuestros esfuerzos no logran restaurar nuestra plenitud.

Aunque expertos en salud mental aseguran que existe una relación entre la madurez espiritual y la plenitud y la salud mental,[3] mi mayor argumento para validar lo que dice Juan 15:5 y nuestra búsqueda de plenitud es mi propia experiencia de vida. En la medida que mi relación con Dios crecía, así mismo iba creciendo la manera en que yo cuidaba de mí, la manera en que me relacionaba con otros y la manera en que trato mi trabajo. Cuando vivía en Orlando, durante uno de los viajes que hice a Puerto Rico para visitar a mi familia, mi tía me miró y me dijo:

—Oye, te veo más sabio y más sereno —apenas me dio tiempo para contestarle y remató diciendo—: y también más gordo.

ROLES DE RESPONSABILIDAD

Los roles que asumimos en nuestra vida existen dentro de las cuatro áreas de plenitud.

Nuestro propósito se diseña visitando cada una de estas áreas e identificando roles dentro de las mismas. Cuando fallamos en ser intencionales en escoger nuestros roles, podemos terminar cargando responsabilidades que nunca quisimos. Aquí es donde comienza el estrés y la ansiedad.

3. Dra. Deborah Cornah, «The impact of spirituality on mental health», Mental Health Foundation, 2006. Consultado el 30 de agosto del 2021: https://www.mentalhealth.org.uk/sites/default/files/impact-spirituality.pdf.

Veamos algunos posibles roles que podemos derivar de nuestras áreas de plenitud:

1. **Bienestar personal:** por lo general nuestra responsabilidad en esta área es con nosotros, así que podemos usar hábitos para identificar roles:
    - Ejercitar tu cuerpo.
    - Velar por mi salud.
    - Si manejas una enfermedad crónica, esto es un rol que requiere tu atención.
    - Tiempo de ocio y descanso.
    - Velar por tú alimentación.
    - Tomar tiempo para darte tus gustos.
2. **Espiritualidad:** de la misma manera, podemos usar hábitos para nombrar roles dentro de esta área:
    - Tiempo de meditación y oración.
    - Llevar un diario personal para identificar y manejar tus emociones.
    - Congregarse para adorar en comunidad.
    - Leer la Biblia y otros recursos.
    - Tener conversaciones que te ayuden a crecer.
3. **Vocación:** aquí es más fácil identificar roles, porque muchas veces nuestra vocación nos asigna un rol.
    - Tu rol en tu trabajo.
    - Tu rol en tu labor voluntaria.
    - Pasatiempos al que disfrutas dedicarle tiempo.
    - Tus estudios.
    - Roles que anhelas tener y dedicas tiempo y esfuerzo en prepararte para ellos.
4. **Relaciones:** nuevamente, nuestras relaciones más significativas requieren que asumamos roles bien concretos.

- Relaciones padres-hijos.
- Relaciones de pareja.
- Relaciones con amistades.
- Relaciones de mentoría.

SACA TU LIBRETA

Continuamos con nuestro ejercicio de diseño. Busca tu cuaderno y tu lápiz. Usa el diagrama que hice si necesitas algunas ideas. Por cada área de plenitud describe roles que estás desempeñando o te gustarían desempeñar en los próximos 3 años.

En mi caso, al momento de escribir este libro, mis roles se ven de la siguiente manera:

Bienestar personal:

- He descubierto que aprovechar las mañanas, antes de comenzar las horas de trabajo, me llenan de energía. Por eso estoy desarrollando el hábito de ser una persona mañanera.
- Estoy descuidando el hábito de hacer ejercicios, pero tampoco soy muy amante de pasar horas en un gimnasio o de ejercicios de alto impacto como *crossfit*.
- Ya que me toca trabajar desde casa, estoy estableciendo límites en mi horario de trabajo para darme tiempo para descansar y otras actividades.

Espiritual:

- Me encuentro en una etapa donde tengo mucho deseo de tener claridad sobre temas y conceptos de la Biblia y del cristianismo. Estoy leyendo libros de diferentes autores y recursos de estudio bíblico.
- Escribo regularmente las ideas que me llegan a la mente sobre cosas aprendidas en mi tiempo de lectura.

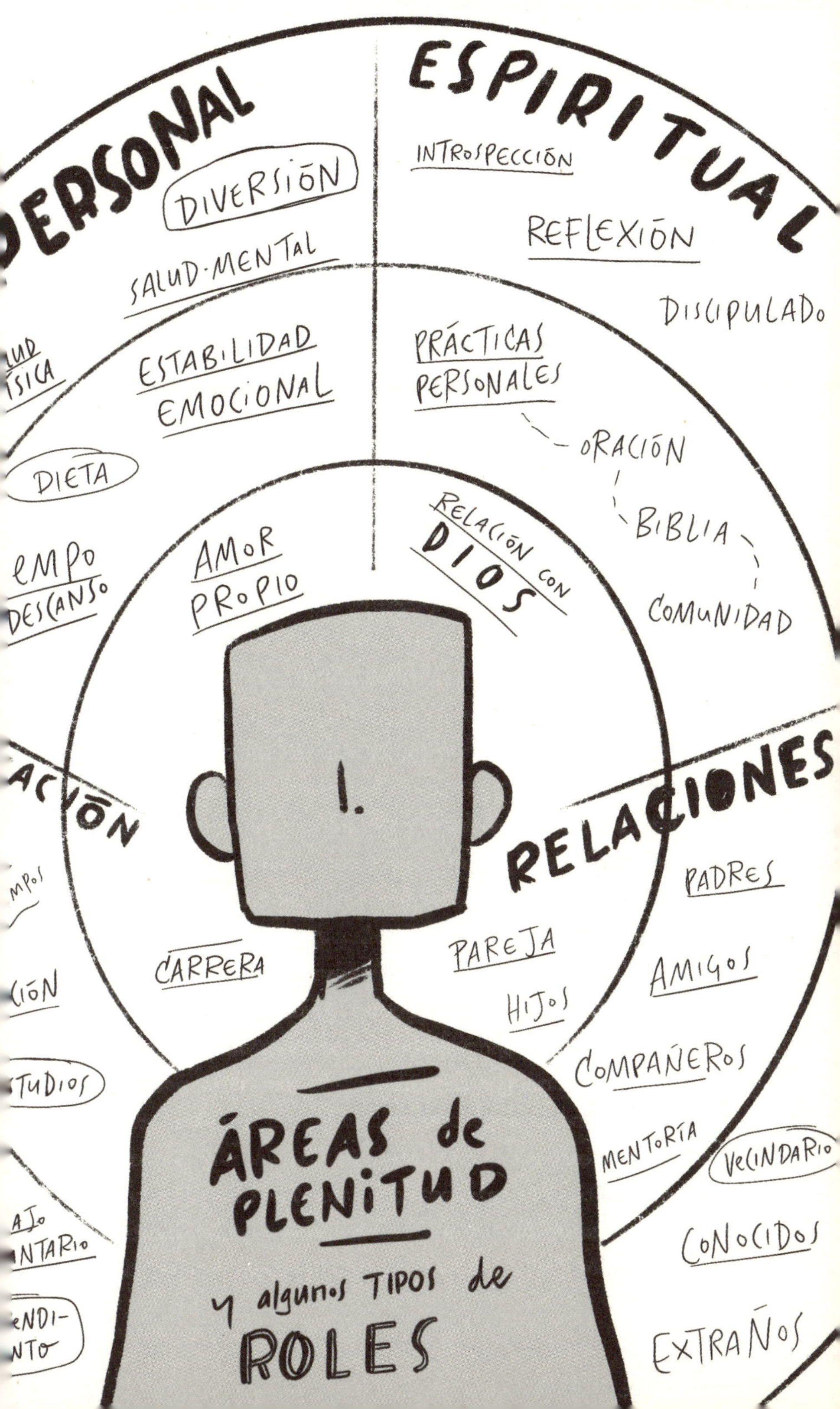
ESPIRITUAL
DIVERSIÓN
SALUD·MENTAL
INTROSPECCIÓN
REFLEXIÓN
DISCIPULADO
ESTABILIDAD EMOCIONAL
PRÁCTICAS PERSONALES
ORACIÓN
BIBLIA
COMUNIDAD
DIETA
DESCANSO
AMOR PROPIO
RELACIÓN CON DIOS
I.
RELACIONES
PADRES
PAREJA
AMIGOS
CARRERA
HIJOS
COMPAÑEROS
MENTORÍA
VECINDARIO
CONOCIDOS
EXTRAÑOS
ÁREAS de PLENITUD
y algunos TIPOS de ROLES

- Desde hace un tiempo me siento llamado a discipular. Quizás sea a través de mi contenido en las redes sociales o en mi iglesia.

Vocación:

- Trabajo a tiempo completo como ingeniero de sistemas.
- Soy autor, pero me gustaría crear mi contenido a tiempo completo. Recientemente, nació en mí una convicción de que debo tratar mi contenido como una herramienta que Dios quiere que yo use para discipular.
- Trabajo con proyectos de clientes independientes, pero quisiera enfocarme en mis propios proyectos de manera sustentable.

Relaciones:

- Soy esposo, actualmente es la relación más importante en mi vida.
- Valoro mucho mi rol de tío con mis sobrinos. Un rol que mi esposa y yo anhelamos asumir en nuestra vida es ser padres.
- Trato de tener un rol activo como amigo, aunque no soy la persona más diligente para mantener contacto, de hecho, aun con mi familia, tiendo a darme mis actos de desaparición.
- Recientemente adoptamos un perro, Pablo. Me gustaría entrenarlo para que sea un perro balanceado.

DISEÑAR PARA LOGRAR BALANCE

En mi lista he identificado 11 roles. Es posible que en tu lista haya más roles que en la mía; eso está bien. Este paso del ejercicio es muy útil porque nos permite ver de una sola mirada las diferentes cosas que consumen nuestro tiempo y nuestro esfuerzo.

En una sesión que tuve con una estudiante, justo después de completar este paso, le pregunté si alguna vez se sintió que no da abasto y si eso la hizo sentirse agobiada. Ella me miró y me contestó: «Sí, ¿cómo lo sabe?». Comencé a contar en voz alta la cantidad de roles que había enumerado, el total fueron 25 roles. De esos 25 roles, solo habían 2 en la categoría de bienestar personal y un solo rol en la categoría de espiritualidad.

Si ves que tienes 15 roles o más que compiten por tu tiempo y tu energía es posible que estés entrando en un área peligrosa donde te veas agobiado y agotado todo el tiempo. Somos seres humanos, por más que queramos hacerlo todo y ser todo para todos, hay un límite en las responsabilidades que podemos asumir.

También, considera los roles que quieres incluir en tu vida. Digamos que quieres estudiar una nueva carrera. ¿Cómo lo vas a hacer cuando ya estés manejando 25 roles y durmiendo cuatro horas al día?

Otra cosa súper útil de este ejercicio es que te permite ver a simple vista qué responsabilidades consumen tanto de ti que te hacen ser negligentes con otras áreas de tu vida. Un caso clásico que veo mucho en los talleres es que hay muchos roles en el área de vocación y apenas hay un solo rol en el área de bienestar personal, o relaciones.

¿CÓMO PUEDES HACER QUE TU LISTA DE ROLES SEA MÁS SALUDABLE?

Primero, no añadas más roles a tu vida. Quizás sea bueno completar algunas responsabilidades antes de asumir nuevas. Por ejemplo, completar un proyecto antes de comenzar uno nuevo. Y por supuesto, la mejor manera de evitar nuevas responsabilidades es aprender a decir que NO. Es posible que la razón por la que te sientas tan agobiado es porque no sabes decir «no» y terminas aceptando cosas que ni siquiera querías hacer.

¿Has considerado renunciar a algunos de tus roles? Hay roles que podemos soltar en nuestra vida. Digamos que has sido miembro de la junta de líderes en la comunidad donde vives por 10 años; ese es un tipo de rol que puedes soltar para darte espacio y tiempo a roles nuevos, o atender otros roles que necesitan de tu atención. No importa lo que diga la sociedad, es importante saber cuándo renunciar. Renunciar no te hace débil. No todo el que renuncia es porque está escapando. Hay veces que renunciar significa que uno está listo para algo nuevo. Negarse a renunciar puede ser una señal de debilidad porque refleja personas que creen la fantasía de que son imprescindibles y necesitan ser necesitados para hallar su valor.

Segundo, decide cuáles roles son una prioridad en tu vida y deshazte de los que no lo son. Para ayudarte a decidir, considera dos tipos de prioridades:

- Prioridad para tu presente. ¿Cuáles son las cosas que importan mucho para ti ahora? ¿Son tus hijos? ¿Es el negocio que estás comenzando? Cuando le das una mirada honesta a las cosas que son importantes para ti en esta etapa, podrás identificar las cosas que le restan tiempo a tus prioridades.

Cuando mi hermana y yo éramos niños, mi mamá decidió que quería pasar más tiempo con nosotros en los veranos. Ella decía que estábamos llegando a la adolescencia y estábamos pasando todo nuestro tiempo libre en campamentos, giras y con otras personas. Así que por varios años, mi mamá nos hizo un campamento de verano familiar. Cuando llegaba el verano, mi mamá dejaba de trabajar en la oficina con mi papá y programaba una serie de actividades y giras que disfrutamos los tres juntos. Esos han sido los veranos favoritos de mi vida, no solo porque podía pasarlos en mi casa, sino también porque yo podía notar que mi hermana y yo éramos prioridad para mi mamá (y mi papá también, porque se enfocó en trabajar duro para que eso fuera posible).

Identifica qué es una prioridad para ti ahora y coloca los demás roles en un segundo lugar.

- Prioridad para tu futuro. ¿Qué cosas estás haciendo hoy a favor del futuro que anhelas mañana? Estas prioridades son más difíciles de decidir porque representan riesgo y, más aún, porque no todo el mundo va a entender las decisiones que estás tomando.

Las decisiones que tomas por tu futuro siempre van a representar sacrificio. Un estudiante sacrificará horas sin compartir con sus amistades para lograr alcanzar su carrera. Un empresario se mostrará más austero para poder empujar hacia adelante su nuevo negocio. Una persona que quiere recibir un ascenso o aumento en su trabajo dedicará más horas a su trabajo que a su familia y amigos. Pero recuerda que estas decisiones que estás tomando ahora son un rol temporal en tu vida para asumir uno mejor y más permanente en el futuro.

Hay un detalle que es importante que tengas en mente mientras determinas las prioridades para tu futuro: nuestras decisiones rara vez nos impactan solo a nosotros. Cuando decidas prioridades para tu futuro, incluye a tu familia en ese proceso de decisión. Quizás tengas que hacer concesiones para poder alcanzar lo que deseas, pero lo que sea que decidas será mucho más complicado si arrastras a tu familia en lugar de tenerlos como aliados en el proceso.

Tercero, atiende las áreas de plenitud que están en déficit. El estado de tus áreas de plenitud depende de cómo distribuyes las prioridades de tus roles. Hagamos un ejercicio. Puedes hacerlo en este libro, pero te recomiendo que uses tu libreta. Haz una gráfica parecida a la que está a continuación:

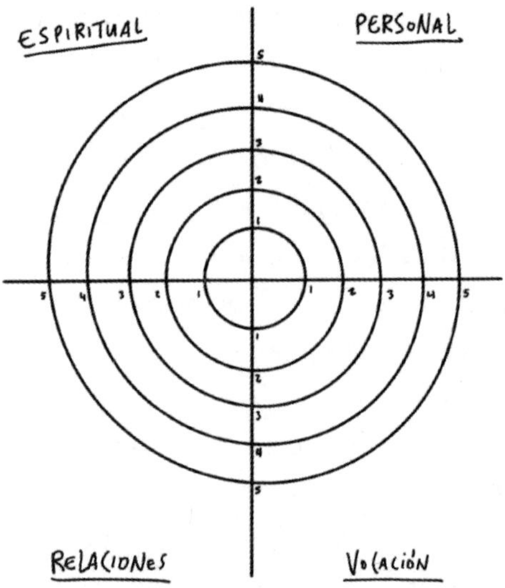

Hay unas líneas que sobresalen del círculo hacia afuera, esas líneas identifican las áreas de plenitud en tu vida. Cada círculo gris representa una calificación, donde 1 es la clasificación más baja y 5 la más alta. Para cada área de plenitud en tu gráfica escoge una puntuación para identificar cómo sientes que tus roles te llevan a vivir esa área de tu vida. Por ejemplo, si sientes que estás siendo negligente con cómo llevas tus relaciones, puedes calificar esa área como un 1 o un 2. Si sientes satisfacción en como un área se está desempeñando, o si sientes que le dedicas suficiente tiempo, puedes calificarlo con un 5 o un 4.

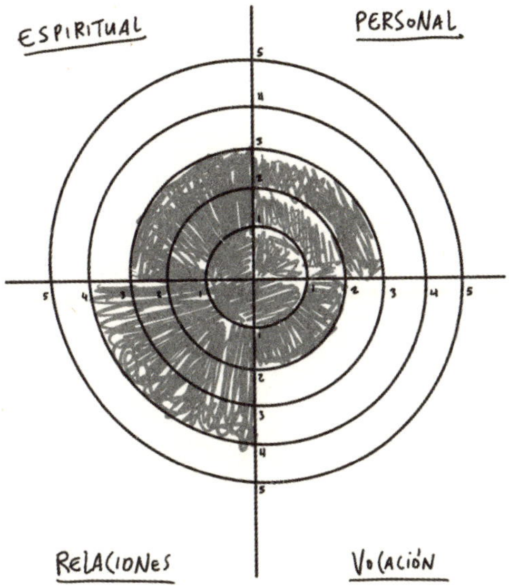
ESPIRITUAL
PERSONAL
RELACIONES
VOCACIÓN

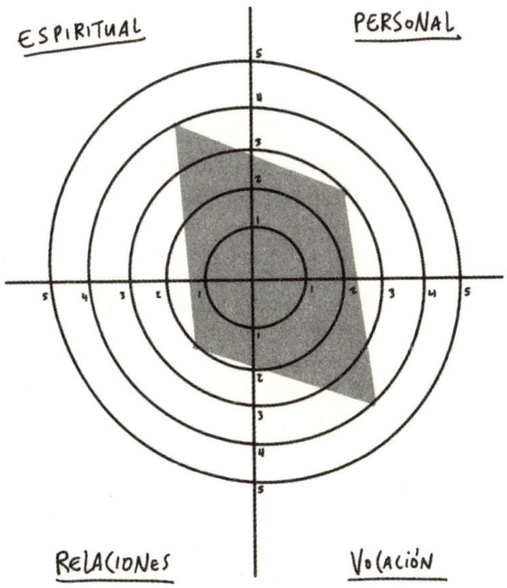
ESPIRITUAL
PERSONAL
RELACIONES
VOCACIÓN

Este ejercicio es muy útil porque te permite ver dónde está tu corazón. Si le das una calificación baja a algun área, tu corazón te dará a entender que tendrías que dar más, o ser mejor, en alguno de tus roles en esa área de plenitud. O quizás, simplemente, te estás dando cuenta de que los roles que asumes dentro de esa área de plenitud no merecen tanta prioridad como pensabas, y que necesitas hacer espacio para nuevos roles que traigan balance y propósito a tu vida.

Ahora puedes tener una «vista aérea» de donde estás invirtiendo tus energías. Con este mapa en mano, es momento de reflexionar con las siguientes preguntas:

- ¿Estoy satisfecho con la manera en que distribuyo mi energía / tiempo?
- Para las áreas que tienen una calificación baja: ¿por qué crees que tienen una calificación baja? ¿Crees que los roles merecen que le dediques más atención, o merecen ser removidos de tu lista de roles?
- Para las áreas con una calificación alta: ¿esos roles merecen toda la atención que le estás dando? ¿Crees que puedes restarles esfuerzo a esos roles para poder dedicarle tiempo a otras áreas con calificación baja? ¿Cómo puedes restar un poco de tiempo en roles con calificación alta para atender roles con calificación baja?

El balance que necesitas para vivir en plenitud está en los roles que asumes en tu vida y el tiempo y esfuerzo que les dedicas. Poder VER tus roles y la atención que le dedicas a ellos y tomar decisiones sobre esos roles es un paso fundamental para vivir a propósito. Es más, si esto es lo único que haces en todo el libro, notarás la diferencia en tu vida. Pero estamos diseñando vidas con propósito, así que no hemos terminado. Es bueno identificar tus roles y decidir dónde enfocamos nuestra atención. Sin embargo, nuestra atención no sirve de nada si no sabemos qué hacer con ella. Y eso lo vamos a trabajar en el próximo paso de nuestro sistema CREAR.

CAPÍTULO 7

AMBICIÓN NO ES UNA MALA PALABRA

CREAR: Establece tus ambiciones.

En el capítulo anterior establecimos los roles que identifican las prioridades de nuestra vida. Seguramente tuviste que invertir bastante tiempo en ese ejercicio, pero me imagino que ya puedes ver cómo va ayudando a traer orden a tu vida. Aun con ese inmenso avance de sentir orden y estabilidad es posible que te sientas estancado en tu vida. Una vida con significado comienza a identificar los roles que son prioridad en tu vida y a asumir responsabilidad por esos roles cuando establecemos ambiciones para cada rol.

A ver, a ver... parece que dije una mala palabra. ¿Ambiciones? Sí, ambiciones. Ambiciones suena feo —en especial para nosotros los cristianos—, pero no te dejes confundir con el prejuicio que puedas tener con la palabra. La RAE define ambición como *cosa que se desea con vehemencia.*[4] Hay quienes prefieren usar palabras más suaves como «anhelo» o «aspiraciones», pero para efectos de nuestro diseño prefiero usar la palabra ambición. Palabras como anhelo o aspiración son demasiado pasivas, es como desear algo, pero sin la determinación o la acción para alcanzarlo. Cuando escucho palabras como anhelo, casi siempre vienen acompañadas de la palabra «ojalá». Es como decir: «Aquí estoy esperando que milagrosamente ocurra algo». La palabra ambición me dice que hay algo que quiero, pero voy a dar los pasos necesarios para buscarlo.

Hablemos un poco de las objeciones que, por lo general, vienen a la mente de muchas personas cuando escuchan la palabra ambición. Ya que, cuando hacemos a un lado el miedo por tener ambiciones, podemos enfocarnos en diseñar vidas que honren a Jesús.

MITO 1: LA AMBICIÓN ESTÁ RELACIONADA CON EL AFÁN POR EL DINERO, LA FAMA Y EL ESTATUS

Primeramente, las ambiciones honestas deberían tener un balance de deseos nobles y deseos personales.

Los deseos nobles son aquellos que benefician a los demás. Estos son los deseos que quieren ver un cambio positivo en la vida de otras personas y nos llevan a querer alimentar al que está hambriento, a consolar al que está sufriendo, a hacer que otros se sientan bienvenidos y amados. Estos son los deseos que muchas veces nos llevan a tomar decisiones sacrificadas.

Los deseos personales nos hacen sentir realizados y que estamos alcanzando cosas nuevas que nos ayudan a crecer.

4. Significado de la palabra «ambición», Real Academia Española; consultado el 31 de agosto del 2021: https://dle.rae.es/ambici%C3%B3n.

En mi opinión, tener ambiciones que no están balanceadas entre lo personal y lo noble, dejan de ser honestas y se convierten en ambiciones egoístas. El problema no es ser ambicioso, el problema es cuando nuestras ambiciones nacen de un corazón egoísta. Y sí, se es tan egoísta cuando nuestras ambiciones son solamente para beneficio personal, como cuando nuestras ambiciones aparentan ser solamente nobles.

Anhelar dinero, estatus e influencia para alimentar tu ego y sentirte superior a los demás es la manera más común de mostrar egoísmo, pero no es la única. Hacer cosas nobles y mostrarse como alguien desprendido también puede tener raíces en el deseo de alimentar tu ego y sentirte superior a los demás. Eso fue lo que le pasó a Ananías y Safira en el Libro de Hechos. Cuando ellos vieron que la influencia de Bernabé crecía por sus donaciones, decidieron hacer donaciones para tener el mismo resultado. Pero como su ambición era egoísta, ellos recurrieron a mentir sobre el carácter de sus donativos, y eso les costó la vida.

Las ambiciones honestas se parecen a las de una persona que busca un mejor trabajo para poder darle a su familia una mejor calidad de vida. Se parece a la persona que sube contenido a las redes sociales porque entiende que tener más alcance puede ayudar a otras personas. Se parece a la persona que quiere completar un maratón porque le ayuda a estar en forma, pero al mismo tiempo les enseña a sus hijos que ellos también pueden hacer cosas difíciles.

Tener ambiciones no te hace egoísta. Las intenciones que guían tu corazón es lo que podría hacerte egoísta.

MITO 2: SER AMBICIOSO RETIRA A JESÚS DEL PANORAMA

Tener ambiciones no es sinónimo de «no necesitar a Jesús». Tener ambiciones honestas es una muestra de fe que glorifica a Jesús.

Considera la parábola de los talentos en Mateo 25:14-30 (RVR1960), donde Jesús cuenta la historia de un hombre que debía emprender un largo viaje y les dejó 5, 2 y 1 talento a cada uno de sus tres siervos, respectivamente. Lo primero que vemos es que el amo les deja a sus siervos algo muy valioso para él, y lo entregó de acuerdo a las capacidades de cada siervo. Te pregunto, ¿cuáles son los siervos que el amo llamó «buenos y fieles»? Los siervos que tomaron lo que el amo les dio y negociaron con esos talentos para multiplicarlos y honrar la confianza de su amo. En otras palabras, quienes honraron al amo fueron los siervos que demostraron tener ambición con lo que él les había confiado. Estos hombres vieron lo que el amo les entregó y pensaron: *Esto es muy valioso para mi amo, yo creo que él se sentirá muy feliz conmigo si multiplico los que me dio y se lo entrego.*

Vuelve a mirar los roles que escogiste en el capítulo pasado. Cada rol que está en tu lista fue puesto en tus manos por Dios. Cada rol que asumes en tu vida involucra personas y cada persona representa los talentos que Jesús menciona en la parábola. La pregunta es ¿qué vas a hacer con lo que Jesús ha puesto en tus manos? ¿Cómo vas a multiplicar, edificar, restaurar, elevar lo que Dios te ha dado? La respuesta es honrando a Dios y siendo ambicioso con lo que te ha entregado.

TU VIDA NECESITA AMBICIONES

Según el doctor Viktor Frankl, tener ambiciones puede salvarnos la vida. Frankl fue un psiquiatra influyente por su método de logoterapia que se basa en la idea de que la mayor motivación de un ser humano es su búsqueda por vivir una vida con significado.

La logoterapia nació como una respuesta a la alta tasa de suicidios entre pacientes de salud mental que atendía Frankl. Uno de los términos que presenta la logoterapia es la idea del «vacío existencial».[5] El vacío existencial se manifiesta principalmente como aburrimiento. Hace miles de años atrás necesitábamos cazar, migrar y cultivar para sobrevivir, pero mientras avanzamos como sociedad tenemos menos necesidad de estas cosas. Ahora, con la automatización, delegamos cada vez más nuestro trabajo a las computadoras, y el resultado es que tenemos tanto tiempo libre que perdemos el sentido de productividad y significado.

Según Frankl:

> «No se podrá entender del todo fenómenos como la depresión, la agresión y la adicción sin antes reconocer el vacío existencial que yace debajo de ellas».[6]

La solución que ofrece Frankl para atender el vacío existencial es encontrarle significado a la vida que llevamos. ¿Dónde se busca ese significado?

> «En la medida que nos olvidamos de nosotros mismos —al darnos al servicio de una causa, o en amar a otros— nos sentimos cada vez más humanos y más realizados».[7]

Si queremos vivir vidas con buena autoestima y salud emocional, la clave está en darnos para algo más allá de nosotros que impulse nuestra vida a una dirección; de lo contrario, viviremos estancados en una vida deprimente.

---

5. Viktor Emil Frankl, *El hombre en busca de sentido* (Barcelona: Herder Editorial, S. L., 2020. ©2015, tercera edición).

6. *Ibid*.

7. *Ibid*.

OTROS NECESITAN TUS AMBICIONES

Fallar en ejecutar nuestra ambición tiene un impacto en la vida de otros. Si no perseguimos las ambiciones que Dios comparte a nuestro corazón, alguien que pudo haber sido sanado o restaurado a través de nuestra obediencia, podría ver postergado su milagro.

Eso me recuerda a la ambición que Dios le dio a mi abuela de comprar una casa en la ciudad. ¿Recuerdas la historia del capítulo 1? En un evento internacional para comunicadores cristianos, tuve la oportunidad de hablar por unos minutos con el pastor y autor Rey Matos. En medio de la conversación recordé que mi mamá decía que Rey era parte del grupo de jóvenes de su generación y que crecieron juntos. Así que decidí poner a prueba la historia de mi mamá y le mencioné al pastor Matos el nombre de mi madre y mis abuelos. La cara de ese hombre se iluminó, y creo que vi lo que parecía ser lágrimas que se acumulaban en sus ojos, pero puede ser que me equivoque. Él puso sus manos sobre mis hombros y me dijo: «Nosotros nos pasábamos metidos en casa de tus abuelos cuando éramos muchachos. Allí crecimos tanto en nuestro caminar con Dios».

Muchas veces ignoramos el impacto que causa atrevernos a creerle a Dios abrazando nuestras ambiciones. Quizás mi abuela pensó que comprar su casa les daría un mejor futuro a sus hijos, pero Dios pensó en el futuro de más personas.

Yo le doy gloria a Dios por la ambición de mi abuela. Mientras crecía, siempre veía la casa de mis abuelos como el lugar donde pasé gran parte de mi niñez. Pero, mientras escribo esto, pienso que también es un lugar que, de manera indirecta, ha impactado a las naciones.

¿Y tú? ¿Te atreves a creerle a Dios y amar a otros abrazando las ambiciones que él pone en tu corazón?

TRES TIPOS DE AMBICIONES QUE HONRAN A DIOS

¿Cuáles son los tipos de ambiciones que hacen crecer tus roles de responsabilidad? La mejor manera de identificar ambiciones para tus roles es contestando al menos una de las siguientes preguntas:

1. **¿Qué quiero cambiar / mejorar?**

   Cuando Tommy estaba por cumplir 40 años inevitablemente tuvo un momento de introspección sobre su vida. Lo primero que pensó fue que era un hombre bendecido. Pensó en su matrimonio, en su trabajo y en sus hijos. En aquel momento, los hijos de Tommy eran menores de edad y, al igual que él, mostraban una gran pasión por el deporte, algo que él disfrutaba compartir con ellos. Cuando uno llega a cierta edad piensa mucho en el tiempo que tiene para disfrutar de las cosas que ama. Tommy no solo quería disfrutar de más tiempo con sus hijos, sino también disfrutar plenamente el tiempo con sus hijos. Eso lo llevó a pensar en su salud y su condición física.

   Tommy tenía sobrepeso y notaba que se cansaba muy rápido cuando hacía deportes con sus hijos. Esto le frustraba ya que él quería ser ejemplo para sus hijos de esfuerzo y buen desempeño, además de que todavía él era muy joven para que sus hijos estuvieran ganándole tan fácilmente.

   En el caso de Tommy dos de sus roles de responsabilidad, ser padre y cuidar de su salud, se entrelazaron en una sola ambición de cambio: mejorar su condición física. Unos meses después de matricularse en sesiones con una entrenadora personal, Tommy comenzó a notar mejoría, sentirse mejor y hasta su estado de ánimo aumentó.

Tomar la decisión de ver cambios en tu vida son la base para buenas ambiciones. La visión de querer mejorar algo, muchas veces, es una muestra de amor y compromiso hacia los roles que Dios coloca en tus manos.

2. ¿Qué quiero alcanzar?

Cuando comencé a desarrollar ideas y compartirlas en público, comenzó a despertar en mí el deseo de alcanzar una meta para mi rol como comunicador: quería estar en la radio. No quería ser locutor, pero sí quería participar en un segmento de radio regularmente. Esa meta se convirtió en una ambición de alcance.

Lo importante de establecer ambiciones es que una vez que te atreves a declararlas, puedes comenzar a idear los pasos para acercarte a esa ambición. Esos pasos los vamos a ver en el resto de los capítulos que tenemos por delante, pero eso fue lo que me ocurrió a mí con mi ambición radial. Comencé a observar cómo las personas que estaban en la radio desarrollaban su contenido. Así aprendí la estructura para crear contenido claro y eficiente en poco tiempo, y empecé a aplicarlo en el contenido que publicaba en mis redes sociales. Conocí personas que trabajaban o colaboraban en la radio y comencé a hacerle preguntas. Cuando ellos vieron el interés que tenía, comenzaron a considerarme para diversas oportunidades en la radio.

Al momento de escribir esta oración, he tenido segmentos en emisoras de Puerto Rico, Miami y Atlanta.

Lo más interesante de haber llegado a la radio ha sido el crecimiento que experimenté. No necesariamente me refiero al crecimiento económico. Lo que sí hizo es obligarme a aprender destrezas nuevas. Yo creo que ese es uno de los valores más grandes que ofrecen las ambiciones de alcance; te fuerzan a aprender y desarrollar destrezas que jamás pensaste que eras capaz de obtener en el camino a alcanzar lo que anhelas.

3. ¿Qué quiero crear?

Cuando era niño, los parques de Disney eran como un lugar encantado en una tierra lejana llamada Orlando. Hacer el viaje desde Puerto Rico hasta allá era todo un evento lleno de ilusión. Cuando viví en Orlando, Disney ya no estaba tan lejos para mí —excepto por los 45 minutos que tenía que manejar para llegar hasta allá—, pero no importa cuantas veces yo frecuentaba el área del Mundo de Disney, siempre se sentía como entrar a un mundo maravilloso.

Se me hace difícil pensar que un lugar como ese no siempre existió allí; alguna vez ese espacio estuvo ocupado por árboles de naranja. Y ese mundo encantado no se materializó de la nada para darle a los padres una forma de chantajear a sus hijos para que se porten bien. Esos parques existieron primero en la imaginación de una persona llamada Walt Disney.

Cuenta la leyenda, y por leyenda me refiero al autor, Neal Gabler, en su libro biográfico titulado *Walt Disney*, que la idea de hacer los parques de atracciones comenzó cuando las hijas de Disney eran pequeñas. Walt solía llevar a sus hijas al parque Griffith y pasaba horas sentado observando a sus hijas jugar en el carrusel. Disney consideraba que aquel parque siempre estaba sucio. En cierta ocasión, le comentó a un amigo que algún día haría un

> parque de diversiones y, que ese parque, estaría limpio. Pero esa no era la única motivación que impulsó a Disney a crear sus parques. Diana Disney, recordaba que una de las quejas que hacía su padre sobre los parques que solía visitar con sus hijas era que no había nada que hacer para los padres: «Tendría que haber un lugar donde toda la familia se pueda divertir».
>
> Muchas veces, cuando Dios coloca un rol en tus manos, lo primero que te hace ver son las cosas que no existen aún, pero que son necesarias. Mis amigos, Nelson y Andrés, crearon un grupo de improvisación teatral porque en Puerto Rico no existía ese tipo de espectáculos para toda la familia. Una de mis estudiantes, Agnes, creó «El Campamento de Tití» para poder compartir con todos sus sobrinos por una semana completa. Mi amiga, Jamie, creó un *coffee shop* que hiciera sentir a sus clientes igual de consentidos que cuando visitaban a sus abuelitas cuando eran niños.

No tienes que ser Walt Disney para aceptar la ambición de crear cosas que no existen, todos tenemos la capacidad de crear cosas que llenen vacíos y necesidades porque estamos hechos a la imagen de un Dios creativo.

SACA TU LIBRETA

Muy bien, hemos llegado al momento del libro dónde estamos listos para conocer la plantilla que nos ayudará a diseñar tu propósito:

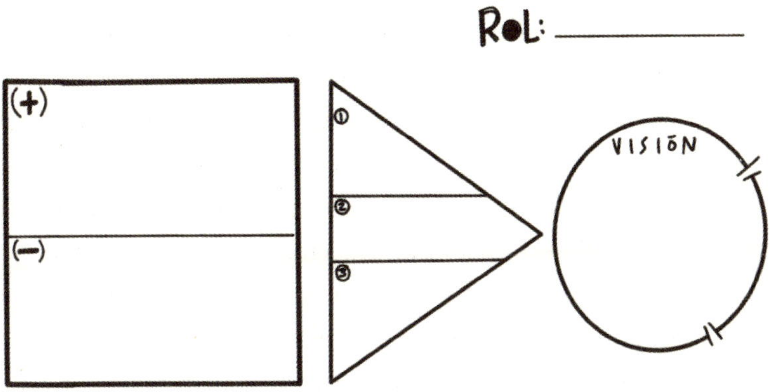

Lema de vida: __________________________.

Puedes completar una plantilla por cada rol de responsabilidad que hayas identificado o usar una para todos. Para efectos de nuestros ejercicios, vamos a asumir que cada plantilla aplica a un rol de responsabilidad.

La primera parte que vamos a llenar en nuestra plantilla es la parte de nuestra visión del futuro. Hacia allí es donde nos queremos dirigir. En esta parte vamos a anotar nuestras ambiciones para nuestro rol. En otras palabras, ¿cómo se ve tu futuro en los próximos 12 meses o 5 años cuando hayas cumplido tu ambición? Mientras más clara tengas esta parte, más enfocado estarás para vivir cada día a propósito.

Para visualizar tus ambiciones vas a usar el círculo marcado como «visión» en tu plantilla. Puedes considerar las siguientes ideas para completar este espacio. Si quieres pensar un poco antes de usar la plantilla, puedes usar hojas en blanco de tu libreta:

1. **Declara tu ambición.** ¿Qué quieres cambiar, alcanzar o crear? Descríbelo en un párrafo de manera clara. No tengas

miedo de ser específico en lo que escribes en esta sección. Por ejemplo, para el rol de tu salud personal, puedes decir: «Alcanzar y mantener un peso de 58 kilos» o «Separar un día a la semana para descansar y no hacer absolutamente nada». Yo llamo a esto: ambiciones con forma de hábito.

En mi opinión, las ambiciones que producen cambios sustentables en nuestra vida son las que toman forma de hábitos. Tener metas con forma de destino, como por ejemplo: «terminar un doctorado», o «conseguir un trabajo», es bueno, pero ¿qué ocurre cuando alcances esa meta? ¿Qué va a pasar cuando logres bajar de peso?

Yo tenía una ambición de subir mi peso a 77 k para el día de mi boda. Cuando llegué a Puerto Rico me suscribí a un gimnasio para llegar al peso y complementar mi dieta, y logré mi meta. Pero no disfruté el proceso, así que me enfoqué en la meta y no en el hábito. Un año después de mi boda dejé el hábito de hacer ejercicios y volví a perder todo el peso que había ganado.

Evalúa tus ambiciones y verifica si es una ambición de destino o de hábito. Si tu ambición es de destino, pregúntate si la puedes replantear como un hábito. Si no es posible replantear tu ambición como un hábito, asegúrate de revisarla cuando estés cerca de completarla.

2. **¿Cómo sería un día en el futuro donde esa ambición se hiciera realidad? Descríbelo en tiempo presente.** Por ejemplo, en lugar de decir: «Haré un devocional familiar con mis hijos», puedes decir: «Hago un devocional familiar con mis hijos todos los jueves a las 7 de la noche».

Deja que tu imaginación sea libre e incorpora tus sentidos en la imagen del escenario que visualizas. Digamos que para tu rol de crecimiento espiritual decides leer toda la Biblia durante un año; puedes decir: «Cada mañana me levanto, preparo café y me siento junto a la ventana con mi Biblia y mi libreta para sentir el aire fresco de la mañana».

Te recomiendo que visualices también los resultados de vivir en el futuro que estás diseñando, sobre todo los resultados emocionales. Volviendo al ejemplo de leer la Biblia, puedes decir: «A veces me cuesta levantarme y no siempre entiendo todo lo que leo. Pero cada día encuentro un pasaje que me hace reflexionar y comienzo cada día con paz. Algunas personas me notan más sabio y sereno en nuestras conversaciones».

3. **Con el fin de no provocarte estrés, voy a decir que la siguiente es solo una sugerencia.** Pero si soy honesto, creo que hacer este próximo paso va a rendir grandes beneficios en términos de claridad, dirección, enfoque y motivación. Yo sugiero que hagas un dibujo que visualice tu visión del futuro.

La razón por la que sugiero (con todo mi corazón) que dibujes tu visión del futuro donde tu ambición es parte de tu vida, es por una simple idea que ha cambiado el rumbo de las naciones: «Si lo puedes ver, lo puedes alcanzar». Para mí, uno de los discursos más efectivos que causó cambios en nuestra cultura fue el discurso de John F. Kennedy al principio de la década de 1960. En el discurso, Kennedy establece una ambición para toda la nación: «Antes de que acabe esta década vamos a enviar a un hombre a la luna y regresarlo a salvo». Ese discurso cambió el rumbo de nuestra cultura porque todos podían ver esa ambición y, como nación, todos podían estar en la misma página.

¿Sabes por qué la idea de Kennedy era clara y poderosa? Porque se podía dibujar. Si tu le hubieras pedido a cualquier persona de aquella época que hiciera un dibujo de lo que los Estados Unidos harían al final de la década, seguramente hubieras visto un dibujo parecido a este:

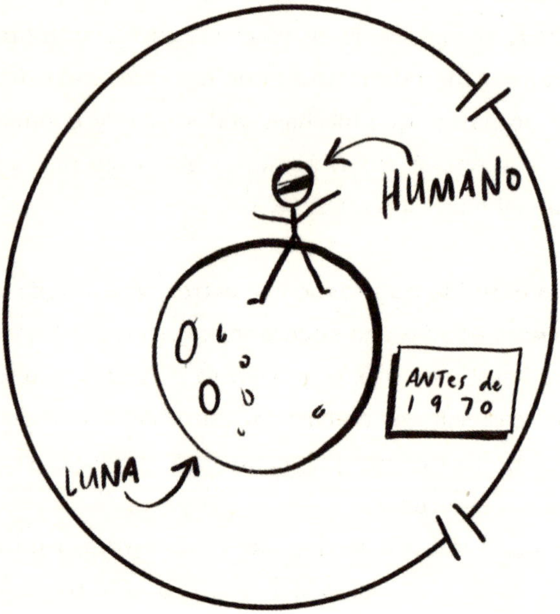

Permíteme cambiar un poco la frase anterior: «Si lo puedes dibujar, lo puedes alcanzar». Tu mente persigue lo que ves. Si tu ambición no se puede traducir a un dibujo sencillo como el que hicimos de la luna, posiblemente eso no tenga nada que ver con tu talento para el dibujo, sino con la claridad de tu ambición.

La meta de Tommy de mejorar su condición física es clara y poderosa porque puedo visualizarla con algo así:

Leer la Biblia en un año es una meta clara y alcanzable porque la puedo dibujar así:

En los talleres y las sesiones individuales que he tenido, esta es la parte donde yo puedo ver en los ojos de las personas cómo algo que se veía tan abstracto y lejano, comienza a sentirse accesible.

Las ambiciones balanceadas son el motor de una vida que se vive a propósito. Las ambiciones honran a Dios porque demuestran fidelidad con todo lo que nos ha dado. Y todo lo que necesitas para comenzar a vivir una vida con propósito, enfoque y satisfacción es hacerte tres preguntas y asegurarte que puedas dibujar tu respuesta.

Si quieres descargar nuestra plantilla para comenzar a determinar tus ambiciones, puedes visitar el «código QR» al principio de este libro para descargar este y todos los demás recursos que menciono en este libro. Toma tu tiempo, ora y medita sobre qué ambiciones puedes adoptar para honrar a Dios con los roles que te ha dado.

CAPÍTULO 8

USTED ESTÁ AQUÍ

CREAR: Analiza dónde estás parado.

Hasta el momento no me ha dado COVID, pero sí me ha dado micoplasma. Es una enfermedad bastante parecida, tos horrenda, fiebre volcánica, dolor en todo el cuerpo y es súper contagiosa. Lo único es que COVID es mucho más famoso por todas las muertes que le han atribuido, incluyendo la muerte de muchas industrias. Como nota aparte, me sorprende que la industria del lápiz labial haya sobrevivido a pesar del apogeo de las mascarillas.

Recuerdo que era un lunes por la mañana. Me levanté un poco agotado, pero eso era normal, yo no estoy alerta hasta el primer café del día. Fui al baño, me aseé y cuando pasé a mi armario para escoger mi ropa sentí que me sobrevino lo que en Puerto Rico llamamos una «macacoa». Me dio un dolor en todo mi cuerpo y me sentí como si la piel pesara una tonelada. Fue tan repentino que por un momento pensé que dentro de mi cuerpo alguien había presionado un interruptor que decía: «Muere, plebeyo».

Fuimos a la oficina del médico y me tomó la temperatura; estaba alta, pero nada alarmante. Rápidamente el doctor sacó su recetario y, mientras escribía, me dijo: «Te voy a mandar a hacer unos exámenes de laboratorios para conocer tu estado, y de ahí determinar lo que vamos a hacer».

Los médicos saben a donde quieren llevarte, a un cuadro completo de salud. Para llegar allí, necesitan tener un diagnóstico claro para determinar el mejor camino. Para diseñar una vida con propósito, una vez que sepas a dónde quieres ir con lo que Dios puso delante de ti en esta etapa, es importante saber dónde estás ahora para tener un diagnóstico claro; para tomar decisiones certeras.

¿POR QUÉ DECIDIMOS PRIMERO A DÓNDE VAMOS Y LUEGO EVALUAMOS DÓNDE ESTAMOS?

En cierta ocasión di una charla con mis primeras ideas sobre el tema de este libro. Como parte de la charla hicimos un ejercicio visual para cristalizar a dónde vamos y dónde estamos. Mis ideas no estaban tan pulidas como ahora, así que en aquel ejercicio hubo mucha experimentación. Una de las cosas que hice fue pedirles a las personas que visualizaran dónde estaban actualmente, y luego pasamos a la parte de visualizar a dónde querían llegar. Lo primero que noté es que la visión del futuro de los participantes estaba limitada por la imagen de su presente. Cada vez que hacía una pregunta sobre el futuro, las personas dejaban que su condición frenara su ambición. En ese momento aprendí que tu presente no debe determinar a dónde puedes llegar, sino que sirve para determinar los pasos que necesitas dar para poder llegar.

El Libro de Números narra la historia de doce espías que Moisés envió para investigar la tierra que Dios les prometió que iban a habitar. Si no conoces la historia, te pongo al día rapidito: Dios había liberado al pueblo de Israel de Egipto, y comenzaron a moverse por el desierto. Luego de un tiempo, acamparon en el monte Sinaí por espacio de un año, donde Dios continuó estableciendo la estructura de la nueva nación. Una vez establecidas las pautas y reglas que dieron orden al pueblo, Dios ordena al pueblo a continuar atravesando el desierto. En una ocasión, Moisés les pide a doce hombres que se filtren en la tierra que Dios les prometió para espiarla. La idea era tener una visión clara de hacia dónde iban. Ten en mente que todas esas personas nunca habían salido de Egipto, así que, para todos los efectos, lo único que sabían de la tierra era que Dios les había prometido que la habitarían. Si los doce espías mostraban una imagen más concreta de su objetivo, seguramente todos se motivarían a seguir adelante.

Lamentablemente, el resultado no era el que Moisés esperaba. De los doce espías, solo dos personas, Josué y Caleb, llegaron entusiasmados por todas las maravillas que encontraron en aquella tierra. La historia narra que Josué y Caleb llegaron cargando un ramillete de uvas que era tan grande y abundante que tuvieron que cargarlo entre los dos. Josué y Caleb estaban convencidos de que esa era la tierra que ellos debían habitar. Su ambición quedó cristalizada en un propósito que los impulsó por muchos años.

Los otros diez espías llegaron aterrados por todos los peligros y obstáculos que les esperaban si se atrevían a conquistar aquella tierra. Ellos llegaron hablando de murallas impenetrables, gigantes asesinos y ejércitos invencibles. Lo que aquellos diez hombres veían delante de ellos era una misión suicida; una locura de Moisés, y una estafa de parte de Dios. Y aparentemente gran parte del pueblo estuvo de acuerdo con ellos porque lo que ocurrió después del reporte de aquellos hombres fue un motín para regresar a Egipto, lo que provocó que Dios retrasara el viaje por 40 años.

¿Acaso los 10 espías fueron más realistas o más responsables que Josué y Caleb? ¿Será que Josué y Caleb se cegaron con la euforia de algunos frutos o se dejaron lavar el cerebro con las historias de Moisés? Según el relato en Números, ellos sabían muy bien los riesgos que tenían por delante, pero también sabían el potencial detrás del riesgo:

> *Dos de los hombres que exploraron la tierra, Josué, hijo de Nun, y Caleb, hijo de Jefone, se rasgaron la ropa y dijeron a todo el pueblo de Israel: «¡La tierra que atravesamos y exploramos es maravillosa! Si el Señor se agrada de nosotros, él nos llevará a salvo a esa tierra y nos la entregará. Es una tierra fértil, donde fluyen la leche y la miel. No se rebelen contra el Señor y no teman al pueblo de esa tierra. ¡Para nosotros son como presa indefensa! ¡Ellos no tienen protección, pero el Señor está con nosotros! ¡No les tengan miedo!»* (Números 14:6-9).

Esta historia nos muestra la importancia de escoger bien dónde nos enfocamos primero. Los diez espías se enfocaron principalmente en su condición y no pudieron concebir el potencial de su ambición. Por otro lado, Josué y Caleb se enfocaron en su ambición, y eso trajo una nueva luz a su condición. Al enfocarse en su ambición, Josué y Caleb pudieron entender mejor que esa ambición provenía de Dios, y como el originador de la visión era Dios, él iba a proveer lo necesario para conquistar aquella tierra. Sí, era cierto que ellos eran un pueblo de esclavos recién salidos de Egipto, pero también contaban con el favor de

Dios para alcanzar su tierra. Si decidimos nuestras metas con base en nuestra condición, es probable que nos ocurra como al pueblo de Israel, y se nos vayan los años dando vueltas en círculo, anhelando volver a vivir en el pasado.

Los ejercicios que vamos a hacer a continuación sirven para darnos una vista panorámica de donde estamos con relación a donde anhelamos estar. La idea es dar una mirada honesta de donde estamos para poder establecer un plan de acción. Es probable que al hacer un inventario de tu condición actual, sientas frustración. Eso es normal. De hecho, esa es una de las razones por la que nos vemos tentados a obviar el paso de hacer inventario de donde estamos, porque confrontar nuestra realidad; muchas veces nos revela cosas que no nos gustan. Esta es la parte donde aceptamos que tenemos hábitos que no nos ayudan. Esta es la parte del camino donde confesamos que no le hemos dedicado tiempo a las cosas que realmente eran importantes. Muchas personas han usado estos ejercicios para etiquetar con nombre y apellido los temores que los han estancado por años.

Esta parte es importante, te invito a que la hagas con honestidad, meditación y oración. Si se te hace difícil hacer esta parte solo, considera pedir la ayuda de un guía como un pastor, terapista, consejero, *coach* o los programas de Diseña tu propósito. Lo importante es que recuerdes que lo que descubras aquí debe servir para identificar las áreas donde vas a activar tu fe y creer que Dios se manifestará donde piensas que eres débil.

DIAGNOSTICA EL ESTADO DE TUS ROLES. DAMAS Y CABALLEROS, LES PRESENTO... EL ROLÓMETRO

Cuando viajamos en nuestros automóviles, además de mantener la mirada puesta en la carretera, necesitamos estar pendientes al tablero que indica el estado del vehículo. Ese tablero te indica el nivel de combustible, la presión de los neumáticos, la velocidad, la temperatura, etc. Estos niveles nos indican qué necesitamos saber y hacer para llegar a nuestro destino.

Vamos a hacer un tablero similar para ver el estado de los roles de responsabilidad que identificamos.

En tu libreta, haz barras paralelas; una debajo de la otra para cada rol. Divide cada barra en cuatro secciones, utilizando tres rayas. Puedes identificar las rayas con dibujos o números, tal como te muestro en los dibujos a continuación. Finalmente, etiqueta cada barra con el nombre de uno de tus roles. Básicamente debes de tener en tu libreta algo parecido a esto:

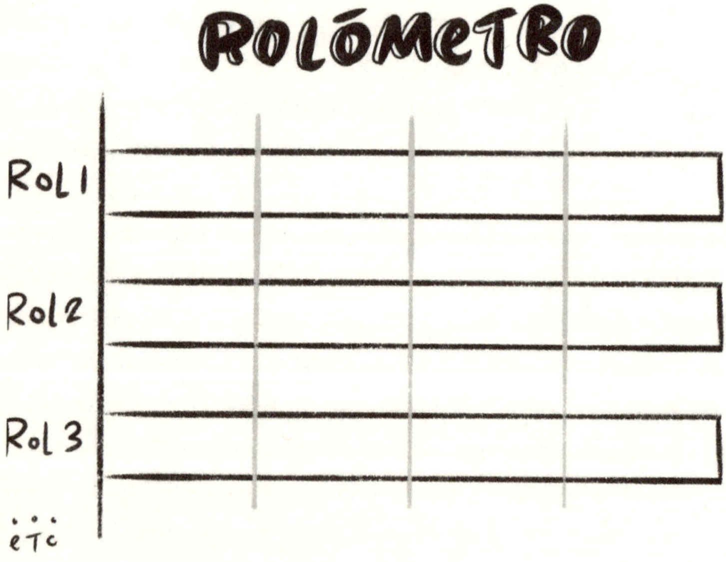

A esas barras las vamos a llamar «Rolómetros». ¿Por qué? Porque necesitan un nombre y este me parece un golpe de genialidad.

Ahora, para cada rol, repasa la declaración de la ambición del rol. Ahora piensa en cómo se ve tu vida hoy comparada con tu ambición. ¿Sientes que la forma en que tu vida se ve ahora está lejos de tu ambición? Entonces, es posible que te encuentres dentro del 25 % del rolómetro. ¿Sientes que estás cerca de tu meta, o al menos vas por buen camino? Es posible que estés en el área del 75-100 % del rolómetro. Si sientes que no necesariamente estás cerca o que has avanzado, pero tampoco te sientes tan atrasado, entonces tu rolómetro está rondado en el área del 50 %. Completa tu rolómetro con colores, patrones, líneas o cualquier manera que te ayude a ver de forma clara, dónde estás parado actualmente.

Veamos algunos ejemplos.

En mi caso, en mi rol de cuidado personal, me he propuesto desarrollar el hábito de sacar un día de descanso total intencional. Aunque no lo creas y supongas que sea fácil, la sociedad en la que vivimos nos exige que siempre estemos haciendo algo. Rayar constantemente nuestra lista de tareas es parte de nuestra cultura. En el descanso intencional o *sabbat* (por ponerle un nombre más espiritual), nos obligamos a hacer una pausa de las cosas que tenemos por hacer y por alcanzar y nos enfocamos en disfrutar lo que Dios nos ha dado. Honestamente, esa última parte —disfrutar lo que Dios me ha dado—, es algo que no se me hace fácil, y me ha traído muchos problemas, por eso es una meta importante para mí en este tiempo y, por eso, es que amerita hacerle un rolómetro.

Otra ambición en mi vida es dedicarme a tiempo completo a equipar a otros para vivir a propósito usando los recursos que yo desarrollo como autor, comunicador e ilustrador. Vivir de mi creatividad y hacer cosas que me apasionan no es una ambición nueva en mi vida, pero creo que recientemente Dios me ha llevado a transformarla en una ambición que honra a Dios.

Finalmente, sigo trazando metas en mi rol como esposo. La meta principal es que mi esposa sepa cuánto Dios la ama por como yo la amo. Claro está, esa no es una meta de destino, sino una meta de desarrollo de un hábito, por lo que es necesario monitorearla constantemente.

Cuando mido el estado actual de mis roles, mis rolómetros se ven más o menos así:

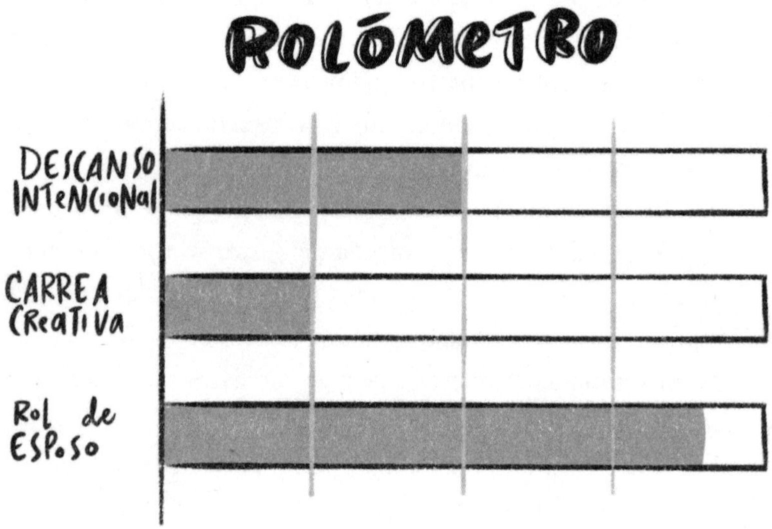

El rolómetro del descanso personal está cerca del 50 % porque siento que he ido aprendiendo más sobre el tema y he visto personas que lo practican, y eso me ofrece ánimo y modelaje para yo continuar mi práctica. En mi iglesia, el descanso se ha adoptado como una práctica importante para crecer nuestra fe, lo cual poco a poco se ha ido institucionalizando en nuestro estilo de vida. Aún me queda más por aprender, pero ya estoy experimentando la belleza de darme permiso de no preocuparme por lo que tengo que hacer, porque ahora mismo lo que tengo que hacer es... nada.

Es sorprendente que el rolómetro del descanso personal esté en 50 % considerando que el rolómetro de la carrera está cerca del 25 %. La verdad es que el rolómetro de mi carrera creativa está en 25 % porque todavía estoy trabajando con mi inconformidad. Otra razón por la que mi carrera creativa está en un 25 % es porque aún no he logrado el hito de generar una cantidad de dinero inicial cada mes. Es frustrante, pero eso me va a llevar a mirar el panorama un poco más a fondo en el próximo ejercicio.

El rolómetro de mi rol como esposo está un poco más alto porque, aunque no soy perfecto, en mi hogar reina la armonía, el amor y el respeto. Claro, eso no depende solo de mí, pero algo debo de estar haciendo bien en la parte que me corresponde, ¿no?

Los rolómetros son muy buenos para ver un panorama amplio del estado actual de nuestros roles. En el proceso de reflexión, esta herramienta te permite comenzar una conversación interna de dónde estás. Cuando completes tu tablero de rolómetros, es importante que hagas una pausa, mires el nivel de tus roles y te preguntes ¿por qué?

Para contestar esa pregunta daremos una mirada más de cerca a tu rutina actual para explicar el estado de rol. Acompáñame a hacer el siguiente ejercicio.

ESCRIBE TU RUTINA ACTUAL

Parecido al ejercicio donde describimos cómo se vería un día de nuestra vida cuando alcancemos nuestras ambiciones, vamos a describir la imagen de cómo es un día de nuestra vida hoy en relación a la imagen del futuro que pintamos anteriormente. Este es el momento de ser honesto contigo. De nada vale sobre analizar esta parte para escribir una imagen suavizada de tu realidad. Aunque a nadie le gusta golpearse de frente con la realidad, recuerda que este ejercicio no es para desanimarte, sino para crear una base de esperanza. La idea de diseñar vidas con propósito es que puedas sobrepasar los frenos y limitaciones de tus circunstancias actuales para vivir a propósito.

Como esto es un ejercicio tan íntimo y vulnerable, vamos a hacerlo lo más sencillo posible. Haz un listado de puntos de las cosas que te vengan a la mente. De nuevo, no lo analices mucho. Por ejemplo, en mi rol de carrera creativa, se me ocurre lo siguiente:

- Tengo la capacidad de crear productos, páginas web y arte para desarrollar mi plataforma, y así lo he hecho por los últimos años.
- He aprendido a escribir «copy» para hablar de mis proyectos con más claridad. A veces creo que me preocupo mucho por cumplir con las recomendaciones técnicas del escrito que por ser genuino y claro.
- Solo tengo una a dos horas al día para dedicarle a proyectos como hacer productos, crear contenido, trabajar en páginas web, tareas clericales o hacer trabajos para clientes. Voy a tener que acostumbrarme a decirle que NO a muchas cosas para aumentar mi enfoque.

Esta lista continúa. Yo he experimentado que cuando comienzas a hacer tu lista, llega un momento donde te llueven las ideas y la lista crece prácticamente sola. Recuerda que esta no es una lista de quejas, es una mirada honesta a tu hoy para decidir los próximos pasos. Dado a la vulnerabilidad que requiere este ejercicio, considera no mostrar tu listado a las personas, excepto por algún grupo selecto de personas que te esté dando seguimiento, incluyendo un *coach*.

PUNTOS EXTRAS: AFICHE «A Y D» (ANTES Y DESPUÉS)

¿Recuerdas cuando dibujaste el escenario de tu futuro? Igual te recomiendo hacer un dibujo sencillo de tu escenario actual. No olvides siempre usar dibujos y palabras.

Si quieres crear una herramienta que te ayudará a motivarte puedes descargar esta plantilla en disenatuproposito.com, o dibujarla tu mismo en un papel:

En el panel de la izquierda haz el dibujo de tu escenario actual. En el panel de la derecha haz el dibujo de tu escenario futuro. Quizás tengas que decidir si deberías hacer alguno de los dibujos de nuevo para integrarlos a tu plantilla; yo creo que dibujarlo de nuevo no es tiempo perdido. La repetición es un buen recurso para aumentar la retención y te da la oportunidad de meditar mejor.

Ya vamos a incluir este ejercicio de escenario actual en nuestra plantilla principal, así que este afiche es un ejercicio opcional / adicional. La idea de hacer un afiche A y D, es que puedas colocarlo en una pared y contemplarlo para animarte a mirar sobre tu realidad actual y animarte a tomar acción por tu futuro.

Así se vería mi afiche A y D para mi rol de carrera creativa:

DE VUELTA A NUESTRA PLANTILLA PRINCIPAL

Si estás usando la plantilla principal para diseñar tu propósito este ejercicio iría en la extrema izquierda de tu plantilla:

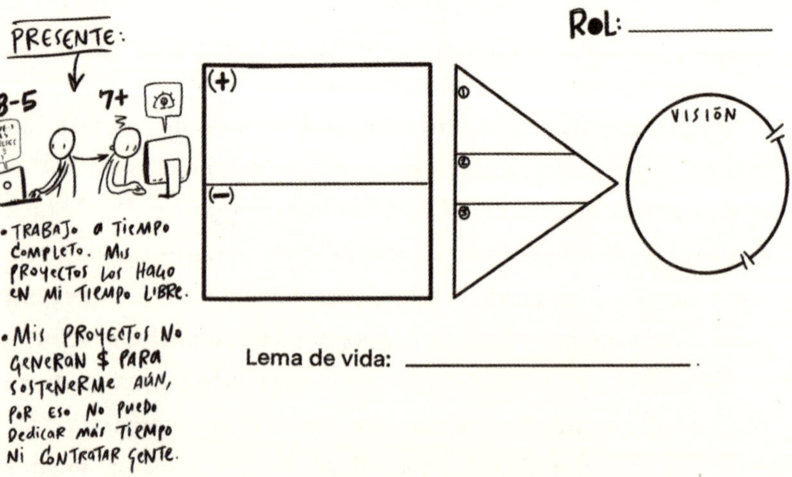

QUÉ TIENES Y QUÉ NECESITAS

Si observas tu plantilla principal, vas a notar que tenemos un rectángulo dividido en dos mitades: Una mitad tiene el ícono de resta, y la otra mitad tiene un ícono de suma.

En el espacio con el signo de resta vas a escribir lo que necesitas para moverte hacia adelante en tus metas. Hacer esta lista puede ser frustrante por lo agobiante que es enfrentarnos a la realidad de las cosas que necesitamos. Este paso es el equivalente a ir a una oficina del gobierno y recibir un listado de requisitos que cambia por cada oficina que visitas; sin embargo, es importante hacer un inventario como este para organizar tus pasos, tu enfoque, tu esfuerzo y tu corazón.

Según Jesús, este proceso de analizar qué necesitamos para lanzarnos, es uno crucial. En Lucas 14:28-33, él exhorta a sus seguidores que consideren bien lo que requiere las encomiendas que aceptamos, desde comenzar una construcción hasta ser sus discípulos.

> *Si alguno de ustedes quiere construir una torre, ¿qué es lo primero que hace? Pues se sienta a pensar cuánto va a costarle, para ver si tiene suficiente dinero. Porque si empieza a construir la torre y después no tiene dinero para terminarla, la gente se burlará de él. Todo el mundo le dirá: "¡Qué tonto eres! Empezaste a construir la torre, y ahora no puedes terminarla." ¿Qué hace un rey que sólo tiene diez mil soldados, para defenderse de otro rey que lo va a atacar con veinte mil? Primero tendrá que ver si puede ganar la batalla con sólo diez mil soldados. Y si ve que no puede ganar, aprovecha que el otro rey todavía está lejos y manda mensajeros a pedir la paz. Por eso, piénsenlo bien. Si quieren ser mis discípulos, tendrán que abandonar todo lo que tienen.* (Lucas 14:28-33, TLA)

En el espacio con el signo de suma vas a anotar las cosas que tienes a la mano que te pueden ayudar a alcanzar tus metas. Yo creo que nunca comenzamos con las manos vacías. Aún en las aventuras que son completamente nuevas para nosotros, encontramos una herramienta que la experiencia nos ha dado, que nos ayuda a enfrentar nuestra nueva encomienda. Este espacio hace que la lista de requisitos sea menos aterradora. Muchas personas que hacen este ejercicio conmigo se sorprenden de la cantidad de recursos que tienen a la mano para lograr lo que necesitan. De momento, recuerdan que conocen a alguien que conoce a alguien, o sabe de un sitio web que tiene la información que necesitan, o en un trabajo anterior tuvo que manejar un escenario similar y ahora tiene una idea de cómo manejar esta situación.

Cuando yo estaba en el jardín de infantes, la maestra citó a mis padres para advertirles que, comparado con el resto de los niños de mi clase, yo estaba un poco rezagado en destrezas como la escritura y la lectura. Cuando yo entré a la escuela, allá para la época donde las personas se sacaban selfis y tenían que esperar una semana para revelar la foto, muchos niños pasaban por el jardín de infantes, pero, como no era obligatorio, mi mamá me matriculó directo a la escuela. El resto de mis compañeros de clase sí pasaron por el jardín de infantes, así que eran más maduros en unas áreas que todavía yo carecía. Mi mamá necesitaba ayudarme a ponerme al día con el resto de la clase y, mientras más rápido, mejor. ¿Qué necesitaba? Ayudarme a fortalecer mi escritura y mi lectura al nivel del resto de la clase. Eso no es una tarea fácil, sobre todo cuando la profesión de mi mamá era ser enfermera; ella no sabía cómo empezar a ayudarme con eso. Lo que mami sí tenía a la mano era el número de amistades y familiares profesionales en el campo de la educación y terapia ocupacional. Estas personas le dieron a mi mamá un arsenal de recursos, juegos, rutinas e ideas que usó para ayudarme a mejorar mi lectura y mi escritura.

¿Y qué pasa si mi lista de recursos es minúscula en comparación con mi lista de necesidades? ¿Qué pasa si mi lista de recursos es casi invisible? ¿Qué pasa si resulta que los recursos que anoté en mi lista no pueden ayudarme?

Todas estas preguntas son comunes cuando hacemos este ejercicio. De hecho, los escenarios que muestran estas preguntas también son comunes. La realidad es que la mayoría de las veces las cosas que necesitas son mucho más grandes e intimidantes que las cosas que sí tienes. Considera nuevamente al ejemplo de los espías y los gigantes que vimos en el Libro de Números. Los gigantes siempre serán parte del camino por donde Dios te quiere llevar. Tarde o temprano, las ambiciones que Dios comparte a tu corazón deben llevarte a enfrentar gigantes que te hagan sentir minúsculo. En algún momento, tu bolsillo de recursos se debe quedar corto ante la lista gigante de requisitos, necesidades y complicaciones para darle espacio a Dios para intervenir con su poder. Esa es la idea: que su poder se perfeccione en nuestra debilidad. No te desanimes porque donde estás ahora parece estar muy lejos de donde anhelas estar. Dios es fiel, respóndele con una fidelidad recíproca.

> *Y este mismo Dios quien me cuida suplirá todo lo que necesiten, de las gloriosas riquezas que nos ha dado por medio de Cristo Jesús* (Filipenses 4:19).

Cuando Dios nos da claridad de la dirección hacia donde debemos dirigirnos, es importante hacer un inventario de dónde estamos, qué necesitamos para llegar y qué tenemos en las manos. Hicimos varios ejercicios para capturar toda esa información de manera visual y poder contemplar todo el panorama a simple vista. Aunque la naturaleza confrontativa de este paso nos puede causar frustración, tener una vista panorámica de nuestras fortalezas y carencias debe darnos el espacio para la esperanza que nace de una fe que depende totalmente de Dios. En los momentos en los cuales camino hacia una meta y me desespero por las cosas que no consigo resolver, siempre recuerdo las palabras que una vez me dijo mi tío: «El que te llamó a esto, que te supla lo que necesitas». Así lo ha hecho Dios en mi vida y en tu vida, y sé que lo hará una y otra vez con las ambiciones que ha puesto en tu corazón. Lo único que debemos hacer es atrevernos a dar el primer paso; y eso es lo que vamos a hacer en el próximo capítulo.

CAPÍTULO 9

LO QUE ABRIÓ EL MAR ROJO

CREAR: Realiza pasos de fe.

Si alguien me preguntara cuál es mi película favorita de Indiana Jones, yo contestaría que definitivamente no es la cuarta. Sin embargo, la tercera película, *Indiana Jones y la última cruzada* tiene momentos muy divertidos, y quiero hablarte de uno de ellos.

A modo de ponernos todos al día, Indiana Jones es una serie de películas de la década de 1980 (y una secuela en el 2008, que no vamos a mencionar) sobre un arqueólogo que se lanza en aventuras temerarias en busca de artefactos perdidos en la historia. En la película, *La última cruzada*, Indiana Jones va en busca del cáliz sagrado, o sea, el cáliz de donde Jesús tomó la última cena. Como siempre, Indiana no es el único detrás del cáliz, así que compite contra el villano de la película hasta que coinciden en el templo para el encuentro clímax de la historia. En ese encuentro, el villano hiere de bala (¡ja!, soné como un reportero) al papá de Indiana Jones, y la única esperanza de salvar su vida es encontrar el cáliz.

Para encontrar el cáliz, Indiana pasó por una serie de pruebas y acertijos que ponían a prueba su carácter y su tesón. Una de esas pruebas colocó a Indiana al borde de un acantilado. No, no había entrado por el camino equivocado, ese era el camino correcto, su objetivo estaba al otro lado del abismo. El terreno al otro lado del abismo se podía ver a simple vista, pero no había un puente o soga para cruzar al otro lado. En ese momento Indiana recordó las palabras del acertijo: «Debes dar un paso de fe». Para Indiana Jones no había alternativa. Cuando miraba su condición actual en su lado del acantilado, recordaba que la vida de su padre colgaba de un hilo, mientras que del otro lado del abismo estaba la solución que anhelaba. Lo único que podía hacer era dar el paso. Indiana cerró sus ojos, respiro hondo y dio un salto al vacío con fe de que algo o alguien lo salve de la caída.

Casi al instante de dar el salto, los pies de Indiana encontraron piso firme. Cuando abrió los ojos, se dio cuenta de que lo que parecía ser un vacío, era en realidad una ilusión óptica. Había un puente de rocas uniendo ambos lados del acantilado, lo que ocurrió es que desde cierta perspectiva, no se podía apreciar. La única manera de notar el puente era dando un paso; un paso de fe.

Entre tu situación actual y las ambiciones que Dios coloca en tu corazón hay un abismo. La única forma de cerrar ese abismo es dando pasos valientes con fe.

Durante todo este libro, hemos hecho ejercicios que nos han ofrecido varios grados de dificultad excavando en lo profundo de nuestros corazones con honestidad. Este momento es para mí uno de los de mayor reto, porque requiere de nosotros acción.

En este punto del proceso ya no se trata de anotar ideas en una libreta, sino de dar pasos concretos que estarán expuestos a todo el mundo. Si los ejercicios anteriores han sido incómodos, este momento puede resultar escalofriante.

¿Qué es lo más escalofriante de dar pasos de fe? Que, cuando vamos a dar el primer paso, nunca parece haber un piso esperándonos. Cada paso que damos viene acompañado de miedo a fracasar, de mil golpes a nuestro orgullo y la constante duda si estamos haciendo lo correcto. Nuestra mente anhela orden, claridad, que todo esté dado antes de tomar decisiones, pero no siempre es así. La gran mayoría de las veces no sabemos lo que estamos haciendo y solo la gracia de Dios nos sostiene para dar el siguiente paso. Yo creo que cuando damos un paso detrás del otro con fe nos hacemos personas más sabias, prudentes y plenas. Solamente llegar a la meta no te hace mejor persona. Es por eso que las personas que toman atajos y hacen trampa nunca experimentan transformación ni propósito. Las personas que viven a propósito son aquellos que reconocen que Dios los llama a alcanzar ambiciones que lo honren, y en respuesta se atreven a dar pasos valientes, aunque estén embarrados de miedo. El camino para cruzar el abismo entre donde estamos y donde Dios nos invita a estar está lleno de incertidumbre, altos y bajos. Lo que podemos hacer es prepararnos lo mejor posible para caminar en fe, y eso es lo que vamos a hacer en este capítulo. Lo primero que vamos a hacer es manejar lo que más nos asusta de dar pasos de fe: la presión y el conflicto.

UN EMPUJÓN PARA AYUDARTE A DAR EL PRIMER PASO

Yo me atrevería a decir que la historia más famosa del Éxodo es cuando Dios dividió el mar Rojo para que el pueblo pasara al otro lado. Si miramos de cerca la historia y cómo Dios interviene, vamos a encontrar que este relato es un reflejo de nuestras historias cuando nos toca convertir nuestra visión en acción.

Uno diría que lo más difícil para un pueblo de esclavos es ganar su libertad. En el caso de Israel, ellos llevaban años como esclavos, parecería imposible ver que eso fuera a cambiar en su tiempo de vida. Sin embargo, sí ocurrió y la verdad es que ellos no tuvieron que hacer mucho; el faraón prácticamente los echó de Egipto. Lo más difícil para el pueblo de Israel era comenzar a dar los pasos necesarios para dejar de ser una manada de esclavos y convertirse en una nación. Por eso es que lo más lejos que se atrevieron a llegar cuando fueron liberados fue a las orillas del mar Rojo.

Estar frente al mar Rojo es el equivalente a atreverte a reconocer tus ambiciones y comenzar a soñar con ellas. Estás parado en la orilla de la incertidumbre y no sabes cómo moverte hacia adelante, ¿y sabes qué?, la verdad es que te hace sentir bastante bien contigo mismo porque estar parado en la orilla frente a lo desconocido te hace sentir que hay un gran potencial en tus manos. Realmente es un gran logro haber llegado hasta ese punto, pero el camino apenas comienza. Cuando Dios te da un anhelo viene acompañado de la invitación a transformarte en algo más de lo que eres ahora. Tus sueños son una invitación para transformarte en alguien más sabio, libre, confiado y conectado a una relación divina. Obviamente, esa transformación requiere atravesar sensaciones y experiencias que no son muy agradables. Por eso preferimos soñar con nuestros anhelos desde la orilla y echarle la culpa al mar Rojo por no poder dar el primer paso hacia adelante.

Entonces, viene Dios y provoca que llegue presión a tu vida. Cuenta la historia en Éxodo que Dios endureció el corazón del faraón y lo motivó a enviar su ejército para atacar a los israelitas. Qué duro suena que Dios haya motivado al faraón a atacar al pueblo, ¿verdad? Lo que me enseña ese detalle de la historia es que Dios no desperdicia los momentos de fricción. Veamos porqué:

Cuando el pueblo se enteró de que los egipcios venían detrás de ellos, se desesperaron y se sintieron acorralados. Ya la orilla que los hacía sentir seguros estaba comenzando a hacerse incómoda. Automáticamente, su mentalidad de esclavos se comenzó a manifestar y comenzaron a culpar a Moisés de la presión que estaban sintiendo. Moisés se puso de pie y comenzó a dar un discurso tan pero tan inspirador que muchos de nosotros lo sacamos fuera de contexto y lo colgamos de nuestras paredes como una promesa para nuestra vida:

> *No tengan miedo. Solo quédense quietos y observen cómo el Señor los rescatará hoy. Esos egipcios que ahora ven, jamás volverán a verlos. El Señor mismo peleará por ustedes. Solo quédense tranquilos* (Éxodo 14:13-14).

Increíble discurso, ¿no es cierto? Mira cómo Dios le contestó:

> *Luego el Señor le dijo a Moisés: «¿Por qué clamas a mí? ¡Dile al pueblo que se ponga en marcha!* (Éxodo 14:15).

Cuando el pueblo se preparó para caminar, Dios abrió el mar para que ellos pudieran atravesarlo. Dios fue muy intencional (y transparente) en cómo iba a usar la presión y el conflicto. Dios usa el conflicto para encaminar tus pasos y para mostrarte su gloria.

ENCAMINAR TUS PASOS

Hay momentos donde uno debe estar tranquilo y confiar en cómo Dios lucha por ti, pero hay otros momentos donde Dios quiere llevarte a dar pasos que jamás pensaste que eran posibles de dar. Mi amiga Millie sentía el deseo de tomar un rumbo diferente en su carrera. Las cosas en su trabajo no iban muy bien y cada vez se sentía más desanimada camino a la oficina. Por medio de conversaciones con amistades y familiares, Millie comenzó a coquetear con la idea de comenzar su propia práctica de belleza, hasta que se convenció de que sería un buen rumbo a tomar. Ella comenzó a tomar clases y certificaciones, fuera de sus horas laborables, para ir preparándose y tener una idea de cómo se sentiría siguiendo esa idea. Ella decía: «Quiero ver si me gusta y ver cómo me va». Pero cuando Millie estaba terminando sus certificaciones, en su trabajo le dieron la noticia de que iban a cerrar su plaza de trabajo en varias semanas. Hasta ese momento, Millie estaba en la orilla de la idea de comenzar su propio negocio, pero Dios le soltó al ejército egipcio para que camine por rumbos desconocidos.

Seguramente muchas personas, al enterarse de que Millie estaba a punto de perder su trabajo, usaron su mejor intención para dejarle saber que Dios no la iba a dejar sin trabajo y que aparecería una plaza nueva o un mejor empleo. ¿Estaban equivocados? No creo, Dios ha sustituido un empleo con otro muchas veces; él lo ha hecho conmigo varias veces. Pero en este caso, el plan de Dios era otro. En el caso de Millie, Dios quería impulsarla a lanzarse a la idea que él había sembrado en su corazón. Cada ambición que Dios nos da, significa tomar riesgos e interrumpir el modo en que llevamos nuestra vida. Millie pudo haber comenzado su nuevo negocio a un paso más comedido para ir manejando los riesgos y los cambios de una manera gradual.

Pero, al mismo tiempo, la comodidad que le ofrecía su trabajo siempre iba a limitar el progreso de sus ideas. Hay veces que Dios se compromete tanto con el avance de las ambiciones que te da, que provoca presiones más grandes que tu temor a los riesgos y obstáculos que te impiden moverte hacia adelante. En las semanas que tenía antes de terminar su etapa como empleada, Millie consiguió un espacio para comenzar su práctica, creó su marca, tenía los materiales y varios clientes esperándola en su primer día de operaciones. Si no fuera por la presión de quedarse sin trabajo, Millie no hubiese dado los pasos que necesitaba para crear algo nuevo más allá de lo que imaginaba.

MOSTRARTE SU GLORIA

Tan pronto Moisés dio la señal y el pueblo se dispuso a dar el primer paso, Dios abrió las aguas del mar Rojo para que ellos pudieran pasar. La presión nos lleva a actuar en fe, y la fe nos da la oportunidad de ser sorprendidos por Dios. ¿Qué es lo que nos sorprende de Dios cuando le creemos? Seguramente nos sorprende cuando vemos cómo Dios obra de maneras que parecen sobrenaturales y providenciales, pero creo que lo que más nos sorprende es ver cómo Dios hace cosas maravillosas en y a través de nosotros.

Antes de ver el mar abrirse, el pueblo veía venir al ejército egipcio, y en sus mentes volvió a brotar dos pensamientos que dominaba su mente por siglos:

1. Los egipcios son más poderosos que Dios.

2. Yo soy un esclavo, Egipto es mi dueño y es osado de mi parte querer cambiar eso.

Es interesante cómo la presión saca de nosotros pensamientos honestos de cómo nos vemos a nosotros y a Dios. La presión te convence de que una condición crónica es más poderosa de lo que Dios puede hacer en tu vida. La presión te hace reconocer que tu falta de educación determina tu progreso. La presión te hace pensar que no tienes valor mientras estés sola. Amigos, muchas veces la presión hace que te des cuenta cual es el dios que domina tu vida. Porque cuando Dios te hace ver quién te domina, él lo destrona para glorificarse en tu vida como tu Rey, tu Libertador. Israel pensaba que el poder intimidante del ejército egipcio tenía dominio sobre ellos, pero el poder de ese ejército fue destronado por el poder del Dios que hizo los mares y los controla según le place.

¿Qué ocurre cuando Dios, quien tiene dominio de la creación, obra a tu favor? Comienzas a pensar que a lo mejor eres alguien diferente a lo que te han hecho creer que eres todo este tiempo. Los israelitas tenían programado en su subconsciente que su identidad era ser esclavos, porque eso es lo que les habían dicho que eran por 400 años. Cuando Dios abrió el mar Rojo, lo que comenzó a hacer es cambiar el discurso que definió la identidad de Israel. Por un lado, el poder de Egipto les decía que ellos eran esclavos, por otro lado, el poder de Dios les decía que ellos eran libres. Por un lado, el ejército egipcio les decía que solo servían para servir a la nación egipcia; por el otro lado, Dios les decía que quería hacer de ellos un reino de sacerdotes (Éxodo 19:6).

La manera en que nos vemos a nosotros mismos está influenciada por todas las voces y circunstancias que nos rodean. Cómo te ves a ti mismo, ha sido moldeado por tu lugar de origen, tu dinámica familiar, las personas que te influencian y los discursos que te han repetido por años. Cuando la presión nos lleva a ver a Dios glorificarse, él comienza a retar las influencias que han dictado quién eres. La gloria de Dios pone en perspectiva quién puedes ser. Cuando vemos a Dios glorificarse en nuestras vidas, descubrimos nuevas circunstancias que traen verdad sobre quiénes somos. Mientras que tu condición crónica te dice que debes limitarte, Dios te recuerda que tú cuentas con nuevas fuerzas (Isaías 40:31). Mientras que tus errores te dicen que eres lo peor, Dios te recuerda que sus misericordias son nuevas cada mañana (Lamentaciones 3:23). Mientras que el abandono emocional y físico de tus padres te hacen decir que eres rechazado, Dios te dice que eres un hijo o una hija amada por Dios (2 Corintios 6:18).

Dar pasos de fe puede sentirse desagradable. Enfrentarse a la presión nunca es tan divertido o romántico como se describe en los libros. Pero el proceso de dar pasos valientes y ser procesados por la presión nos revelan aspectos de Dios tan poderosos que cambian nuestra perspectiva, destruye las mentiras que controlan nuestras vidas, nos hace ver que somos mucho más en Dios y nos lleva a experimentar cosas que jamás pensamos que serían posibles.

Así que saca tu libreta, voy a ayudarte a determinar cómo dar tus próximos pasos.

TRES PASOS VALIENTES

Comienza mirando el diagrama que hemos ido trabajando hasta ahora. Observa detenidamente dónde estás y dónde visualizas estar en el futuro. Es hora de llenar ese espacio con pasos valientes.

Busca una hoja de papel. Hagamos una lluvia de ideas. Escribe en la hoja posibles pasos valientes que puedes tomar para cerrar la brecha entre dónde estás y adónde quieres llegar. ¿Qué es lo que hace que estos pasos sean valientes? Un paso valiente no es «cambiar las cortinas de la sala». Un paso valiente es algo que te reta y hasta te asusta. Atrévete a escribir cosas que parecen imposibles o al menos que no tienes la menor idea de cómo funcionan. Eso está bien. Dios te va a retar a hacer cosas que piensas que son imposibles para ti para que cuentes con él. Ese es el propósito de la asociación que Dios hace contigo, tú haces tu parte y Dios se encarga de los frutos. Si vamos al ejemplo del Éxodo, tú caminas con pasos de fe y Dios se encarga de abrir el mar Rojo.

Una vez que tengas un buen listado como de cinco a ocho (o más) posibles pasos valientes, marca los tres pasos que cerrarán la brecha entre tu presente y tu futuro. Escribe tus tres pasos valientes en tu plantilla.

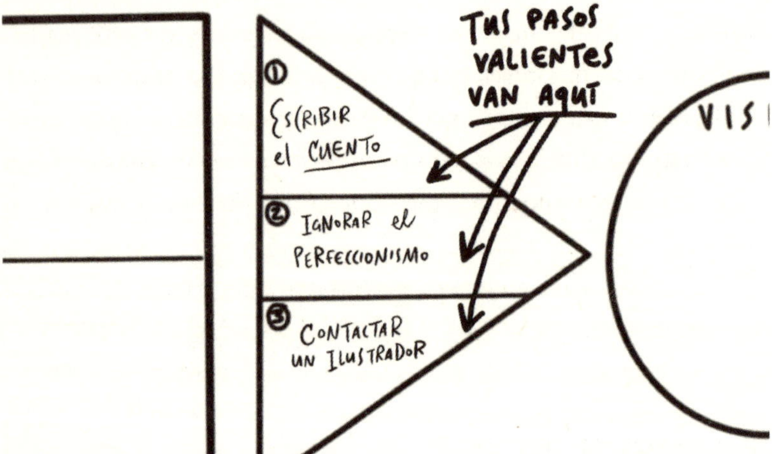

En su libro, *Drawing solutions* [Dibuja soluciones], la facilitadora / *coach* gráfica, Patti Dobrowolski, notó que los pasos que identifican sus clientes suelen tener las siguientes características:

1. Un paso que tiende a ser muy osado. Casi vas a sentir que estás haciendo algo que no debes.

2. Un paso será más estratégico. Algún tipo de alianza o movimiento para llevarte hacia adelante.

3. Un paso suele envolver un cambio emocional o un proceso intencional interno que crees que necesitas para moverte hacia adelante. Por lo general, este paso ataca nuestra tendencia a autosabotear nuestros sueños.

4. Otra buena estrategia para un paso valiente es responder a la pregunta: «basado en dónde quiero estar y dónde estoy ahora, ¿qué es lo más sensato que debo decidir para llegar allí?». Por ejemplo, si quieres saldar deudas de aquí a dos años, ¿qué es lo más sensato que puedes hacer, o dejar de hacer? Quizás gran parte de tu dinero se te va comiendo afuera; algo sensato que puedes hacer es cocinar más en tu casa.

No te afanes mucho en cumplir con estas categorías; estas solo son una guía para que tengas una idea de qué puedes encontrarte en este ejercicio. Vas a saber qué pasos valientes debes escoger porque al leerlos sabrás que eso es lo que necesitas para moverte hacia adelante y eso va a crear ánimo y, a veces, un poco de susto.

Por ejemplo, Roberta fue una de las muchas personas que se me acercaron con el deseo de escribir un libro de cuentos para niños. Ella no sabía por dónde comenzar, solo sabía que quería leerles sus cuentos a sus nietos. El caso de Roberta era muy interesante porque su interés no era distribuir su libro en masa, sino hacer un libro para leerle a sus nietos y que ellos se puedan ver en las páginas del libro. Entonces, Roberta y yo nos sentamos a hacer el listado de posibles pasos valientes para completar su ambición. A continuación, estos fueron los que la motivaron a tomar sus pasos hacia adelante:

1. **Escribir el cuento.** Este paso era el más complicado para Roberta. Ella lleva soñando con hacer un cuento desde que sus hijos eran pequeños. Les daba vueltas a posibles ideas para un cuento, hasta que sus hijos se hicieron adultos y sintió que había perdido la oportunidad. Cuando llegaron sus nietos, ella vio una nueva oportunidad de ver su sueño hecho realidad. Pero como siempre ocurre, Roberta tenía miedo de que escribir el cuento haría que su sueño pase por el filtro de la realidad. Cuando alimentamos sueños en nuestra mente se hacen tan perfectos en nuestra imaginación que casi preferimos dejarlos en la galería de nuestro corazón para no decepcionarnos si el posible resultado no se compara a lo que pensábamos. Roberta se dio cuenta de que, aunque su idea la llevó a formar unas expectativas enormes, la experiencia de no vivir su sueño fue más dolorosa que proteger una fantasía.
2. **Ignorar el perfeccionismo.** Luego de hablar del paso del cuento, yo le pregunté a Roberta qué la ayudaría a terminar el cuento. Ella me contestó: «Ignorar el perfeccionismo». A mí me pareció muy interesante su respuesta. Porque, según Roberta, el perfeccionismo la ha bloqueado de terminar más cosas en su vida. Incluso, el perfeccionismo le ha robado el factor disfrute a muchas de las cosas que sí ha logrado completar. La imagen de leerle un cuento personalizado a sus nietos llena a Roberta de mucha ilusión y alegría. Ella quería completar su proyecto y, a la vez, reflejar en el proceso la alegría que ella visualiza tener con sus nietos.

3. **Contactar un ilustrador.** Lo tercero que detenía a Roberta para impulsar hacia adelante su sueño, era buscar quién le iba a ayudar con los dibujos. Aunque este es un paso bastante común para los que buscan hacer un libro de cuentos, en el caso de Roberta fue muy interesante para mí cómo el paso de ignorar el perfeccionismo influenció su búsqueda de un ilustrador. Más que necesitar a alguien que haga dibujos, ella necesitaba un aliado en contra del perfeccionismo que la frenaba.

Nada más con hacer el ejercicio de identificar pasos valientes vas a sentir cómo se quebranta la barrera que te separa de ver tu visión hecha realidad. Nada más con ver las cosas que has escrito te vas a dar cuenta de que tienes más información de la que pensabas. Muchas personas ven la brecha entre sus ambiciones y su presente y lo primero que dicen es: «No tengo idea de por dónde comenzar»; pero una vez que comienzan a identificar pasos valientes se dan cuenta de que sí saben cuál debe ser su punto de partida. Yo he experimentado por cuenta propia, y también he visto cómo uno puede ver a Dios en este proceso de identificar pasos valientes. Al igual que Roberta, he visto cómo Dios le invita a ser libre en áreas de su vida que han sido de mucha frustración. También he visto a personas identificar pasos valientes que no tienen idea de cómo deben tomarlos, y Dios se ha ocupado de proveer para llenar ese espacio en blanco.

Como puedes ver, los pasos valientes son el factor decisivo en nuestro proceso de diseñar vidas a propósito. Quizás estés pensando: *¿Cómo es posible que una etapa tan medular se sienta tan ambigua?* Si vemos el ejemplo de Roberta, escribir un cuento no se hace de la noche a la mañana, ni ignorar el perfeccionismo no se da por arte de magia. Y si ese fue tu pensamiento, debo decirte que estoy de acuerdo. Estos pasos valientes deben convertirse en un plan de acción, con tareas que se puedan agendar y medir. Precisamente de eso trata la última parte de este libro. Nuestra plantilla nos inspira y nos recuerda la dirección que le confiamos a Dios, pero ahora convertiremos nuestras libretas en una herramienta poderosa que usaremos para planificar, medir y reflexionar para impulsarnos en el camino hacia adelante.

CAPÍTULO 10

RECAPITULACIÓN

Para tu conveniencia y para que veas cuánto te amo, voy a usar este capítulo para recapitular los cinco pasos del proceso CREAR. Usa esta lista de cotejo para recordar los pasos rápidamente mientras diseñas tu propósito o para mencionarlos cuando los compartas.

[ ] COMIENZA POR EL FINAL

- Haz tu esquela.
- Hacemos nuestra esquela para vivir a propósito el legado por el que nos gustaría ser recordados.

[ ] ROLES DE RESPONSABILIDAD

- Tu propósito comienza cuando asumes responsabilidad.
- Procura tener balance en tus áreas de plenitud.
- ¿Cuáles son los roles que le dan propósito a tu vida?

[ ] ESTABLECE AMBICIONES

- Ambiciones no es una mala palabra.
- Cuando establecemos ambiciones honestas, estamos siendo fieles a Dios.

[ ] ANALIZA DÓNDE ESTÁS PARADO

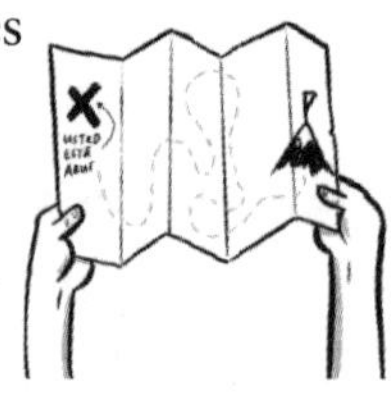

- Tus circunstancias no determinan si puedes llegar, solo determinan los pasos que necesitarás.
- Describe dónde estás actualmente comparado con dónde quieres estar en el futuro.

[ ] REALIZA PASOS DE FE

- La única forma de cerrar el abismo entre dónde estás y dónde quieres estar es dando pasos de fe.
- Dar pasos de fe puede ser escalofriante, pero es allí donde Dios muestra su gloria.
- Determina tres pasos valientes para comenzar a caminar hacia la meta que Dios compartió contigo.

PARTE 3

CON ACCIÓN + LÁPIZ Y PAPEL

CAPÍTULO 11

PIENSA CON UN LÁPIZ Y UNA LIBRETA

Con este libro he querido ayudarte a hacer un ejercicio que solo un reducido porcentaje de las personas en el mundo ha hecho: desarrollar claridad en su vida. ¿Recuerdas que te dije que quería ayudarte a vivir una vida tan intencional que, cuando llegue la muerte, la reacción de muchos será mucho más que un simple «Ay, bendito»? Pues, lo mejor que te puedo ofrecer para eso es claridad.

La claridad es lo que hace que las personas se destaquen y experimenten vidas plenas en comparación con otros individuos con la misma o más preparación, experiencia o recursos. Mientras más claridad tengas sobre tus prioridades y tus metas, más acertadas serán tus decisiones. Y esto es importante porque, si tu vida fuera una casa, las decisiones son los bloques con los que la construyes.

La claridad tiene dos componentes: un componente de visión y un componente de acción. Lo que hemos trabajado hasta ahora es lograr una visión clara de lo que es importante en esta etapa de tu vida. Vimos cuáles son tus prioridades, qué cosas pueden esperar otro tiempo en tu vida, las ambiciones que te permiten hacer la diferencia y hasta las cosas que deben ocurrir para comenzar a ver los resultados que buscas.

Yo oro porque si has hecho los ejercicios que presenta este libro hasta este punto puedas sentir una sensación de paz y libertad que no has sentido hace años. Pero no hemos terminado, todavía queda trabajar el componente de acción de la claridad.

Aún con toda la visión del mundo puedes vivir una vida estancada si no tomas acciones intencionales que te muevan hacia adelante. Tu puedes tener un mapa claro delante de ti, pero aún así seguir viviendo a la deriva. Recuerda, la claridad que Dios quiere para tu vida te ayuda a ver y TOMAR el próximo paso (Isaías 30:21).

En esta parte del libro vamos a buscar claridad para tomar decisiones intencionales usando nuestras libretas. ¿Por qué una libreta? Bueno, primero, porque ya hemos visto lo importante que es «ver para crecer». Segundo, yo creo en las palabras del influyente autor, Brian Tracy, en su libro *¡Tráguese ese sapo!*:

> «He aquí una gran regla para el éxito: piensa sobre papel».[8]

Según Tracy, planificar sobre papel es el aliado de tu mente:

> «Las metas claras y escritas tienen un efecto poderoso en la manera que piensas. Te motivan y te impulsan a tomar acción. Te ayudan a estimular tu creatividad, canalizar tu energía y a vencer los efectos de la procrastinación más que cualquier otro recurso».[9]

8. Brian Tracy, *¡Tráguese ese sapo!* (Argentina: Empresa Activa, ©2017), p. 8 (ubicación en el libro en inglés).

9. *Ibid.*, p. 10 (ubicación en el libro en inglés).

Cuando usamos una libreta para planificar nuestros pasos tenemos una extensión de nuestro cerebro que nos permite ver desde afuera nuestras metas y nuestros pasos. Nos permite evaluar nuestras decisiones de una manera sobria, sin el constante bombardeo de nuestras dudas y emociones. Cuando planificamos, monitoreamos y reflexionamos en papel, hacemos oraciones que rinden nuestros planes y nuestros corazones delante de Dios (Proverbios 16:3).

Otro beneficio que te dará planificar tus pasos sobre papel es que aprovecha la manera en que tu cerebro está alambrado para motivarte a seguir hacia adelante. Lo más hermoso de escribir una tarea sobre papel es que puedes tacharla una vez que la completes. Esto es un efecto poderoso porque refuerza el diseño de tu mente de recompensar tareas completadas con sensaciones positivas. Cada vez que rayas una tarea refuerzas en tu mente que completaste una tarea importante, y eso libera endorfinas en tu cerebro. Las endorfinas son un estimulante natural que producen una sensación analgésica, de bienestar y hasta de euforia. Esa nota que muchas personas buscan en las drogas, tu cerebro la produce de manera natural cuando tomas decisiones que te acercan al propósito de Dios. Planificar sobre papel ofrece resultados inmediatos y continuos en tu mente para impulsarte hacia adelante.

PREPARA TU LIBRETA

Cuando hablo de usar una libreta, mi deseo es que seas intencional en tener contigo una libreta a la mano. Evita utilizar el primer papel que encuentres para anotar una idea o algún plan porque luego será difícil revisar tus apuntes. Gran parte de los beneficios de planificar con una libreta es la capacidad de poder revisar tus pensamientos en un solo lugar.

Yo no tengo ninguna preferencia porque escojas alguna marca o tipo de libreta en particular; escoge una que se acomode a tus gustos y presupuesto. Es más, yo diría que comiences con una libreta económica para que le pierdas el miedo a rayarla y cometer errores. Lo que sí quisiera es hacerte algunas recomendaciones que he aprendido con mis propias libretas al seguir los consejos de otros influyentes promotores del hábito de llevar un diario personal.

1. **Usa un índice.** Esta es una recomendación que tiene dos partes. Primero, recomiendo que la libreta que escojas tenga las páginas enumeradas. Esto hará más fácil organizar, revisar y conectar ideas, planes y colecciones. Con las páginas numeradas puedes hacer una tabla de contenido que haga referencia a las ideas que quieres encontrar rápido. Por ejemplo, digamos que escribiste tu esquela (que hiciste en el ejercicio del legado) en la página 10 de tu libreta. Puedes escribir el número de esa página en la tabla de contenidos y leer tu esquela regularmente.

2. **Mantenla práctica y sencilla.** Solo basta pasar por Instagram o Pinterest para ver una infinidad de libretas con diseños hechos a mano que son obras de arte. Honestamente, para mí es intimidante ver los diseños que la gente le hace a sus libretas nada más para hacer la agenda del día. Yo no tengo el tiempo ni la paciencia para hacer eso todos los días. Quizás tú sí, y si ese es el caso, me da mucha alegría y te animo a que lo continúes haciendo. Para el resto, recomiendo que mantengan las libretas sencillas. Mientras menos trabajo tengas que hacer para crear el hábito de planificar con una libreta, mejor serán las probabilidades de mantenerlo.

3. **Úsala como quieras.** Yo te voy a dar varias recomendaciones para que tu libreta te ayude a vivir a propósito, pero hay una regla que debes tener en mente. NO HAY REGLAS. Si hoy quieres dibujar, dibuja. Si hoy quieres escribir con un crayón de cera, hazlo. Si quieres usar una sola página para las tareas de hoy y una página para las tareas de una sola semana, hazlo. No hay una forma correcta de mantener tu libreta. Eso significa que puedes tener un calendario en una página, un poema en la página que le sigue y tareas en la próxima, como también puedes separar una sección de tu libreta para tareas, otra sección para tus agradecimientos y otra para anotar los libros que has leído. Es tu libreta, úsala como quieras.

4. **No comiences por la primera página.** Si eres como yo, vas a sentir una gran presión por hacer algo fantástico en la primera página. Déjala en blanco, no vale la pena el agobio. Abre la libreta donde gustes y comienza por ahí, para eso está la tabla de contenidos.

5. **No te afanes por usarla fielmente todos los días.** A mí me encanta la idea de usar una libreta para planificar, reflexionar y monitorear, pero lo que me ha ayudado a tener una experiencia fenomenal es que no me agobio pensando que tengo que escribir algo todos los días. Seamos honestos, hay días que no hacen falta planificarlos mucho, hay veces que hacemos las cosas sin mucho lío. Hay veces que los días no son tan novedosos y no hay mucho que reflexionar. Tener tu libreta es un gran recurso, no hay que dañar la experiencia haciéndola una obligación. Desde que me quité la presión de usar mi libreta todos los días,

hay veces que la uso diariamente por meses, sin fallar, y hay veces que la uso una vez por semana. De igual modo, ha sido sumamente beneficioso para mí.

6. **Incorpora tu libreta a tu rutina diaria.** Yo recomiendo que la uses antes de comenzar el día y en la noche. Por lo general, yo planifico mi día cuando me siento en mi escritorio y determino mis prioridades para el día. Igualmente, hago mis reflexiones antes de acostarme a dormir. Cuando integras tu libreta a tu rutina del día, es más fácil crear el hábito porque no sientes que interrumpes todo para escribir.

7. **Ten una vista panorámica del futuro.** Esta idea la saqué de la práctica del libro *El método Bullet Journal*, creado por Ryder Caroll. La idea es que, cuando abres tu libreta de par en par, tengas una visión del año con los eventos más importantes. Puedes ver los cumpleaños, las citas, las metas y otras cosas útiles que ocurrirán durante el año. Por lo general, yo uso esto para anotar cuándo son los cambios de aceite de mi carro y cuándo debo cancelar las suscripciones de prueba de los servicios de *streaming*.

CÓMO USAREMOS LA LIBRETA

En los próximos capítulos examinaremos tres usos que puedes darle a tu libreta para ayudarte en tu camino a vivir a propósito: planificar el futuro, monitorear el presente y reflexionar en el pasado. Así es como se toman decisiones certeras que nos ayudan a vivir nuestro propósito con plenitud.

Planifica el futuro. El éxito del ejercicio CREAR depende de las acciones que hagas para moverte hacia adelante. Vamos a ver algunas técnicas para planificar tu día y tu semana. Además, vamos a ver un sistema sencillo para manejar el progreso de tus tareas.

Monitorea tu presente. El futuro se construye con las decisiones y los hábitos que adoptamos hoy. En este capítulo te voy a mostrar algunos ejemplos para crear nuevos hábitos y cómo crear colecciones de las cosas que le traen paz y alegría a tu día.

Reflexiona en tu pasado. Lo lindo de la palabra presente es que también significa «regalo». Yo creo que ese es un significado muy apropiado, particularmente porque el presente es una nueva oportunidad para aprender de nuestro pasado y convertir nuestra experiencia en sabiduría para construir una vida con significado. En el siguiente capítulo, voy a mostrarte algunos ejemplos de ejercicios que puedes hacer para reflexionar en tu día y aprender más sobre Dios y sobre ti para encaminarte a un futuro esperanzador.

¿Suena bien? Pues, aquí vamos.

CAPÍTULO 12

HAZ UN LISTADO DE TAREAS ACCIONABLES

En la sección anterior, cuando pasamos por el sistema CREAR, terminamos determinando unos pasos valientes para cerrar la brecha entre donde estás y dónde quieres llegar. La planificación que haremos en este capítulo la haremos con base en esos pasos valientes. En caso de que sientas temor de no saber qué hacer si se te ocurren más pasos valientes, no ocurre nada, simplemente añádelos a tu lista de pasos valientes y úsalos en el ejercicio que haremos ahora.

Comencemos repasando los pasos valientes. ¿Los recuerdas? Es posible que algunos de esos pasos valientes sean suficientes para tomar acción, pero el propósito de aquel ejercicio era ubicarte en una mentalidad activa que te dé la confianza de creer que es posible llegar a tu meta. No era necesario ser extremadamente específicos o puntuales con los pasos valientes porque este ejercicio que vamos a hacer ahora se va a encargar de eso.

Por cada uno de los pasos valientes que tienes en tu lista vas a crear una lista de acciones concretas. Acciones concretas son cosas que puedes agendar, definirles un principio y un final y medirlas. Hay acciones concretas que vas a hacer una sola vez, pero también pueden ser acciones recurrentes que haces para desarrollar un hábito. Por ejemplo, registrarte para un maratón de 10 km es una acción que harás una sola vez, pero correr todos los días es una acción recurrente que harás de manera habitual.

Ya que estamos hablando de un maratón de 10 km (también conocido como 10K), usemos ese ejemplo. Digamos que observas tu área de plenitud de cuidado personal y decides que necesitas mejorar tu condición física, y decides participar en un 10K. Así que estableciste una visión donde participas en un 10K, y te dibujaste con una medallita y todo. Para conectar tu presente con tu visión de futuro, estableciste tres pasos valientes: suscribirte a un 10K cerca de tu área, entrenar para llegar corriendo a la meta, aumentar la confianza de que podrás terminar (porque ya llevas tiempo comenzando cosas que no terminas y ya no confías mucho en ti).

Detallemos esos pasos valientes en acciones concretas.

1. **Suscribirte a un 10K cerca de tu área.**
    a. Hacer un listado de eventos 10K.
    b. Ver requisitos de inscripción.
    c. Investigar qué tan lejos debo pautar mi primer 10K.
    d. Completar inscripción en uno de los eventos.

2. **Entrenar para llegar corriendo a la meta.**
    a. Hablar con un entrenador que me asesore y me dé un plan de acción.

b. Comprar zapatos para correr.
c. Correr todos los días según indique el plan.
d. Hacer un plan de comidas.

3. Aumentar la confianza de que podrás terminar.

a. Hablar con mi familia y amigos de mi meta para que me apoyen.
b. Terminar un miniproyecto todas las semanas.
c. Celebrar cada vez que cumpla una meta de kilómetros recorridos.

Mientras haces el ejercicio de desempacar tus acciones concretas, vas a ver que se te ocurrirán más acciones que puedes tomar. De la misma forma, en el camino encontrarás más tareas que no consideraste en este paso, eso está muy bien, son señales de progreso. Por ejemplo, digamos que, cuando hables con un entrenador, de la conversación podrían salir más acciones concretas que debes completar. Eso es excelente, porque significa que completaste una acción concreta que te llevó a nuevas acciones que te moverán hacia adelante. La idea de este listado es ayudarte a dar pasos hacia adelante, no anticipar todo el camino.

Cuando hacemos este ejercicio, muchas veces lo hacemos con muchos puntos ciegos. Escribimos acciones concretas sobre procesos de los que no estamos seguros. Es bueno cubrir esos puntos ciegos compartiendo nuestra lista con amigos y mentores que tengan más experiencia y puedan identificar acciones que no hemos considerado aún. Solo te advertiría de que te asegures de acercarte a personas que tengan una actitud a tu favor. Hay personas que les encanta ser pesimistas y ahogar sueños. Muchas veces es importante escuchar advertencias para evitar errores críticos, pero afila tu oído para filtrar comentarios que te quieren desanimar.

Hay veces que vas a sentir que una acción concreta puede dividirse en más acciones, eso está bien, hazlo. Si vas a hacer un listado de subacciones con tus acciones, presta atención que probablemente una acción sea muy grande y pueda dividirse en más de una acción. Por ejemplo, si tengo una acción como sacar permisos de uso y entiendo que debo tener una subacción como «preguntar qué permisos necesito», es posible que tengas dos acciones en una.

Una vez que tengas tu lista (inicial) de acciones concretas, es hora de ponerlas en la agenda.

LA VOLUNTAD DE DIOS

Hay muchas personas cristianas que son reacias a hacer el tipo de planificación que estamos preparando. El miedo principal es que al planificar estamos ignorando la voluntad de Dios. Es como si nuestros planes fueran un camino hecho en piedra que no considera en lo absoluto a Dios. El problema de esa mentalidad es que cada decisión que tengamos de frente nos va a paralizar esperando saber la voluntad de Dios. Recuerda, debemos considerar que cada tarea que planifiquemos es como una oración de sometimiento a Dios. Hacemos planes porque queremos ser buenos mayordomos de lo que Dios nos ha dado, pero al mismo tiempo estamos dispuestos a ser flexibles a su dirección y los cambios que eso traiga.

Planificar no es soberbia, planificar con el corazón correcto es un acto de fe. Me gusta mucho un pensamiento que hizo Christine Caine en sus redes sociales: «... muchas veces tendremos que lanzarnos en fe para saber si ese paso es de Dios. Dios es lo suficientemente grande como para redirigir nuestro camino si estamos equivocados».

Básicamente, Christine está haciendo eco de lo que dice Proverbios 3:6 (RVR1960): «Reconócelo en todos tus caminos, y él enderezará tus veredas».

Reconocer a Dios significa que estamos alineados con los estándares que Dios establece en su Palabra. Reconocer a Dios es desear caminar en su sabiduría, en lugar de nuestros caprichos. Reconocer a Dios significa que quiero asegurarme de que los pasos que doy me van a llevar a la vida que Dios tiene pensada para mí. Hay veces que podemos estar claros de la voluntad de Dios para la decisión que debo tomar debido a que está claro en la Biblia. Por ejemplo, ¿lo que voy a hacer es una acción intencional que dañará a otra persona? Pues no es la voluntad de Dios que tome esa decisión. Pero hay veces que la voluntad de Dios no es tan específica para un momento puntual en tu vida, y no vamos a ver la imagen completa hasta que tomemos un paso de fe. Un paso de fe significa que aunque no estoy 100 % claro de la decisión que estoy tomando, entiendo que se alinea con el corazón de Dios, y sé que, si Dios quiere una ruta diferente, va a alinear mi camino con su amor y misericordia.

En el Libro de los Hechos hay un relato que puede pasar por desapercibido, pero si nos detenemos un momento, podemos ver una gema de sabiduría en cuanto a la voluntad de Dios. En el capítulo 16, Pablo y sus acompañantes intentaron ir a varios lugares para predicar el evangelio. Primero llegaron a Galacia, porque el Espíritu de Dios no les permitió ir a Asia a predicar. Luego vemos al grupo tratando de concretar un viaje a Bitinia y nuevamente aparece que Dios entorpece sus planes. Lo que puedo ver en este relato es que Pablo y sus compañeros tenían pensada una idea general para su ruta. El relato no lo especifica, pero nos da la impresión de que Pablo y sus compañeros planificaron una ruta con base en su sentido de logística y su apreciación de la necesidad que identificaban. Ellos no andaban con una columna de nube o de fuego liderando su camino, o una voz audible que les daba direcciones como si fuera un GPS. Este grupo de valientes actuaron con la confianza de que ellos eran impulsados por una misión dada por Dios y por la convicción que ellos estaban respondiendo a lo que el mandamiento de Jesús (ama a tu prójimo) exigía de ellos. Después de todo, ir por el mundo a predicar el evangelio y amar al prójimo era en aquel momento, y sigue siendo hoy día, la voluntad de Dios. Bajo esa convicción, Pablo y su equipo hicieron planes estratégicos como mejor pudieron. Hacer planes no era un acto de rebeldía contra Dios, era un acto de mayordomía y fe. La fe de Pablo era que sus planes eran un acto de fidelidad a Dios, los cuales serían interceptados por la fidelidad de Dios. Esa fidelidad de Dios podría reflejarse en apoyo a sus planes, o en guía y redirección por medio de momentos providenciales. En otras palabras, a pesar de que el pasaje en Hechos dice cosas como «Dios no les permitió ir», esto no significa que Dios estaba molesto porque Pablo hiciera planes; todo lo contrario, Dios tomó los planes que Pablo hizo con una sabiduría limitada y les inyectó su sabiduría eterna para guiarlo a una historia mejor para ese momento.

No tengas miedo de hacer planes en obediencia que tú entiendes que Dios puso delante de ti. Quizás tus pasos valientes y tus acciones concretas no cambien mucho; quizás tengan cambios drásticos. Dios sabe que nuestro conocimiento es limitado y que no conocemos el futuro. La Biblia nos enseña que Dios es fiel y va a guiar tu camino.

LISTA MAESTRA

Cuando hacemos el listado de acciones concretas, al principio parece que no se nos ocurren muchas y en un abrir y cerrar de ojos tenemos un listado inmenso. Lo primero que uno piensa es *¿Cómo voy a agendar todo esto?* La respuesta es que no tienes que agendarlo todo de un solo golpe.

Mejor separa unas páginas en tu libreta para hacer una lista maestra. En esa lista vas a escribir las acciones concretas que se te vayan ocurriendo. Puedes organizar las acciones como quieras, o puedes agruparlas por pasos valientes, u orden de prioridad. Como quieras en realidad. Si se te acaban las páginas que separaste, no importa, ve a otra página nueva, anota la página en tu índice de contenido y sigue añadiendo acciones.

La idea es que cuando vayas a escoger acciones para agendar tus días puedas referirte a tu lista maestra y sacarlas de allí.

LA LEYENDA PARA MANEJAR TUS ACCIONES

Antes de pasar a la parte de agendar y mostrar algunos ejemplos, es importante que hablemos de la leyenda de marcas que usaremos para manejar tus acciones. Di conmigo «leyenda». Perdón, es la costumbre de cuando doy los talleres.

En la práctica de un diario o agenda personal (conocido como *journaling*) para planificar tareas, se utilizan unos símbolos o íconos sencillos para darle un estatus. Cuando agendas las tareas de un día, las acompañas con una serie de símbolos para ir monitoreando su progreso.

En realidad, te puedes inventar la leyenda de símbolos que tú quieras, para ayudarte voy a compartirte algunos símbolos comunes que yo uso porque los aprendí de la disciplina de *Bullet Journaling* o Bujo.

En esta imagen hay un ejemplo de acciones acompañadas con símbolos que marcan su estado:

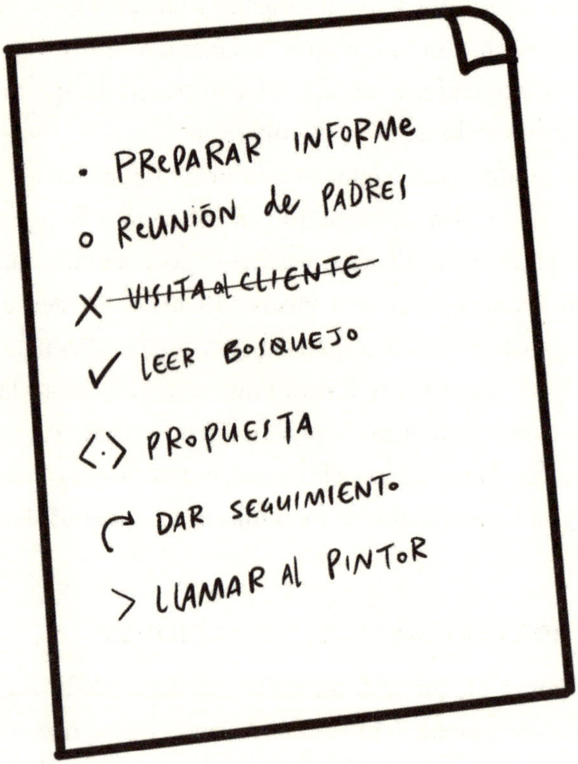

Veamos qué significa cada símbolo:

• El punto nos dice que esta acción es una tarea. Una tarea es hacer algo como un trabajo, una diligencia o una rutina. Yo no hago el punto muy grande porque este es el estado inicial de la tarea y en algún momento le vamos a cambiar el símbolo para denotar otro estado.

O Un círculo pequeño representa un evento. Un evento es un tipo de tarea, pero lo catalogo diferente. Un evento incluye cosas como reuniones, entrevistas, Vivo de Instagram, llamadas o presentaciones. Usar un símbolo específico para identificar eventos ha sido útil para mí porque a veces los eventos requieren de un esfuerzo mental diferente.

✓ La marca de verificación se puede usar para las acciones que están completadas. Otra cosa que yo hago es tachar la acción completa. Todo depende de lo que prefieras. Yo encuentro que tachar es más satisfactorio.

X La equis (X) representa acciones que se han cancelado por completo. Estas no son acciones que se posponen indefinidamente, sino acciones por las que ya no tengo que preocuparme más.

< > Yo uso los signos de mayor y menor juntos para marcar tareas o eventos que se posponen indefinidamente. No son tareas o eventos que muevo para mañana, sino que pudiera retomarlas en una semana, un mes o un año.

> Cuando usamos el signo de mayor, estamos moviendo la tarea para mañana. Hay días que tengo muchos de estos símbolos en mi lista de tareas. Cuando eso ocurre, es una buena oportunidad para evaluar mis prioridades o mi ánimo.

↷ El símbolo de una flecha curvada es uno que me inventé yo. Quiero que te sientas libre de crear tus propios símbolos para tomar decisiones sobre tus acciones concretas. Yo uso este símbolo para indicar que esta acción es una buena candidata para delegarla. Cuando eso ocurre, a veces esa acción se convierte en otra acción de buscar a quién delegar. Por lo general, yo uso este símbolo si anoté una acción que pensaba hacer y luego me di cuenta de que es más provechoso delegarla. De hecho, cuando yo veo muchas acciones con (>), normalmente termino marcándolas como candidatas para delegar.

Si esta es la primera vez que usas leyendas en tus acciones, puedes separar una página para hacer una leyenda. Estos símbolos han sido una de las cosas más útiles que he adoptado a la hora de planificar.

Ya que tenemos nuestra leyenda lista y nuestra lista maestra a la mano, estamos listos para agendar. La manera en que agendamos es usando diferentes vistas, que van desde las más amplia hasta las más resumida. Voy a mostrarte algunos ejemplos de vistas para darte una idea de las alternativas que tienes para planificar.

VISTA TRIMESTRAL

Esta es una vista para planificar los resultados dentro de los próximos tres meses. Aquí puedes describir, a modo de párrafo, las cosas que quisieras adelantar. También puedes usar una lista de objetivos que deseas alcanzar al culminar el trimestre. Por ejemplo:

- Quisiera tener lista mi página web.
- Preparar un plan para las vacaciones de verano de mis hijos.
- Al menos aplicar para obtener una casa.
- Hacer el manuscrito de un libro.

Esta vista es útil porque es la que mejor se presta para tener un momento de retrospección, medir progreso e identificar lecciones aprendidas. Aquí te dejo algunos ejemplos de vistas trimestrales.

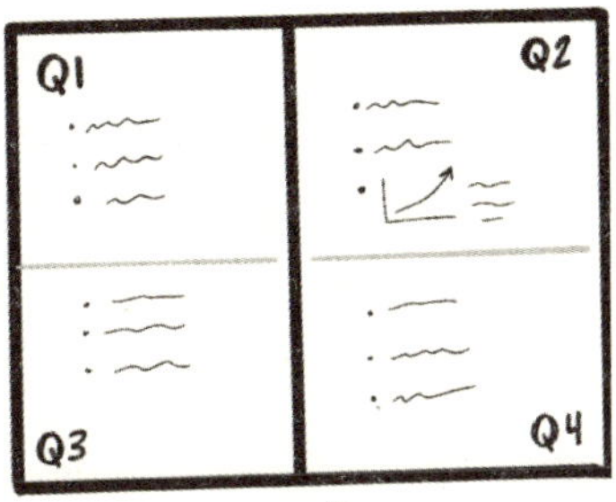

EJEMPLO 1

EJEMPLO 2

VISTA MENSUAL

Yo encuentro que las vistas mensuales son más útiles para planificar eventos que transcurren durante el mes. Yo, personalmente, no uso mucho esta vista porque mis eventos los guardo en el calendario de mi teléfono, aunque últimamente no estoy siendo muy eficiente con eso. Sin embargo, además de escribir eventos, una vista mensual nos permite establecer metas puntuales para el mes. También es útil en los meses críticos para tus proyectos, donde tienes muchas fechas importantes que cumplir.

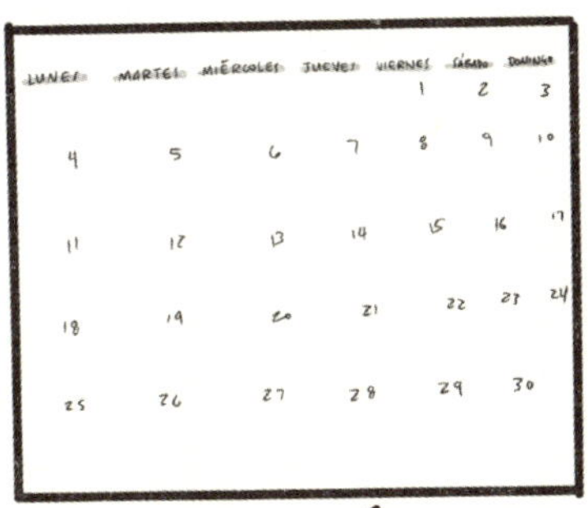

EJEMPLO 1

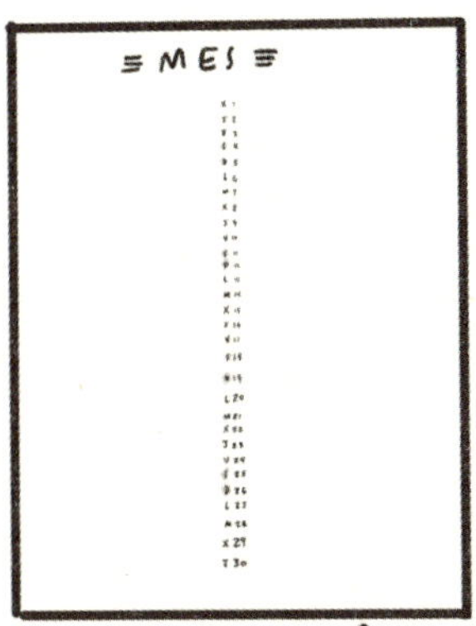

EJEMPLO 2

VISTA SEMANAL

Esta es una de mis vistas más usadas porque, por lo general, yo opero una semana a la vez. Hay dos cosas que me gustan mucho sobre esta vista:

1. Puedo establecer las acciones para cada día de la semana, así puedo tener una vista panorámica de todos los días de la semana. De un solo vistazo puedo ver las tareas que tengo contempladas para lunes, martes, hasta el domingo, si planifico los 7 días de la semana.
2. Puedo añadir otros listados útiles que yo uso durante la semana. Por ejemplo, cuando vivía solo en Orlando, estaba preocupado de que, debido a que nunca sé qué comer, terminaba comiendo comida chatarra. Tenía miedo a que por falta de ser intencional, iba a perder mucho peso y enfermarme. Lo que hice fue que, en mi vista semanal, añadía un plan de comida para cada día de la semana, en específico, qué iba a desayunar y qué iba a cenar.

Yo creo que la vista semanal es de las más versátiles que puedes usar, y los siguientes ejemplos es evidencia de esto:

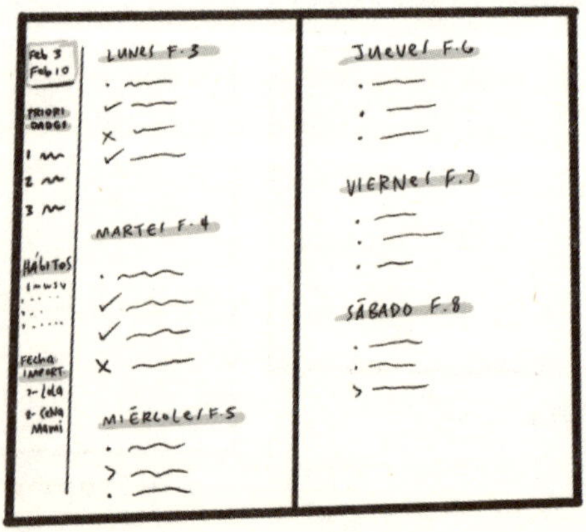

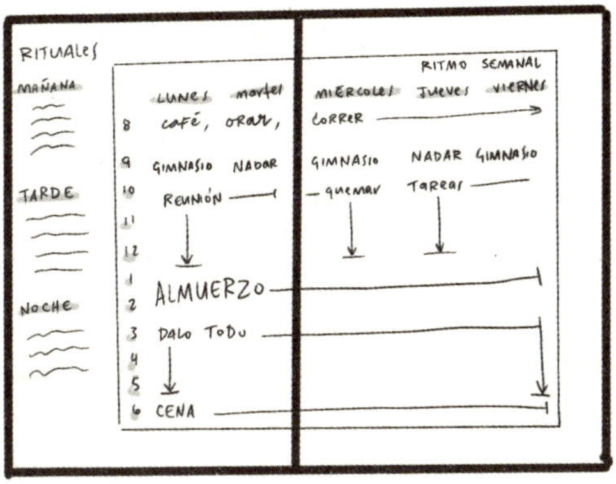

VISTA DIARIA

La vista diaria no se usa mucho porque la vista semanal provee para manejar las acciones con cada día de la semana. Pero ¿qué pasa cuando durante el día necesitas manejar tu tiempo o enfocarte de manera más profunda en tu día? Yo comencé a usar esta vista cuando necesitaba balancear varias tareas y cumplir con fechas de entregas de proyectos. Para esta vista voy a ir más profundo en una plantilla que he usado y me ha dado buenos resultados. También he tomado esta plantilla y la he enseñado a varias personas y les ha ayudado mucho.

Primero, veamos cómo se ve la plantilla. Cada parte de la plantilla tiene un número. Voy a usar cada número para explicar de qué trata esa parte de la plantilla.

Veamos los componentes:

1. **Bloques de horas.** En estos bloques yo divido las horas en intervalos de 30 minutos. Tu puedes comenzar y terminar los bloques según comience tu día. En mi caso, mis bloques son de 8 horas. Este bloque es muy bueno porque me permite bloquear de antemano el tiempo que dedico para cosas como comer, o incluso bloques de trabajo enfocado.

En esos bloques de trabajo enfocado, yo trato de no agendar reuniones u otro tipo de interrupciones. No solo puedes planificar tu tiempo de antemano, sino que también puedes documentar en qué has invertido tu tiempo. Esto es bueno para ir midiendo tu velocidad en hacer ciertas tareas, o si facturas por hora.

2. **Bloque de tareas.** Aquí es donde coloco las tareas y eventos del día para asegurarme de tenerlas presente.

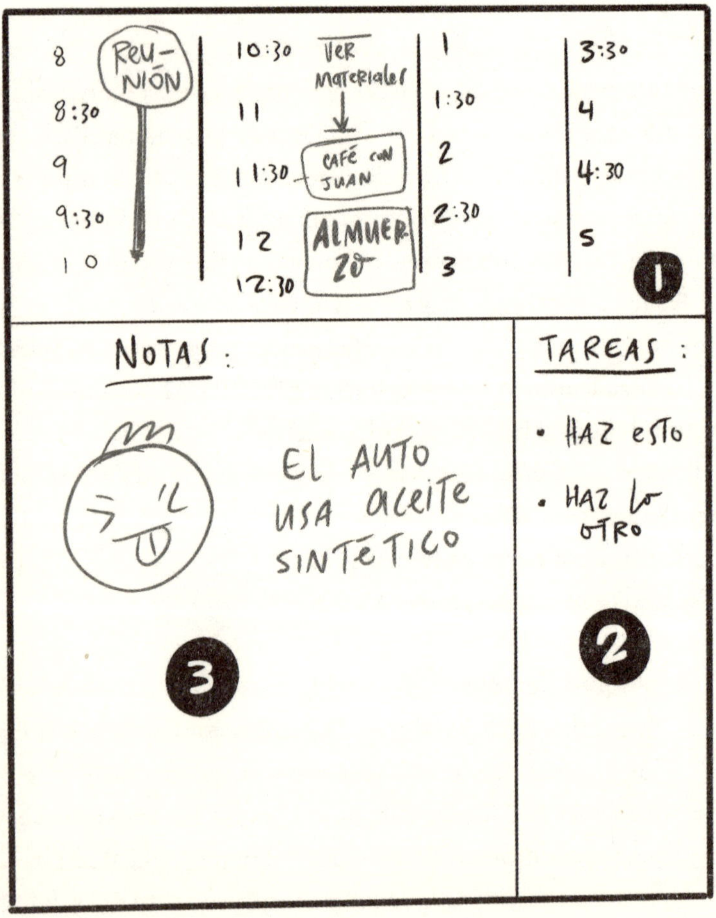

3. **Bloque de notas.** Este espacio ha sido bastante útil para anotar ideas, recados, descubrimientos y hasta frustraciones. Usa este espacio para capturar tus pensamientos y tus ideas. Otro uso útil ha sido anotar decisiones tomadas para luego tenerlas como referencia y también para anotar instrucciones que me han dado como evidencia en caso de que alguien me acuse de haber cometido un error.

Cuando uso esta vista, es decir, cada mañana, antes de comenzar el día voy formando la plantilla a mano y luego voy bloqueando mis horas y mis tareas. Yo he notado que trazar esta vista cada mañana va acondicionando mi mente para enfocarme en el día que tengo por delante. Es como calentar antes de hacer ejercicios.

EL FUTURO ESTÁ EN TU LIBRETA

Hemos visto las herramientas para ser intencional en la manera en que diseñas tu futuro. Planificamos, no porque no confiamos en Dios, sino porque queremos ser fiel a la visión que Dios nos ha dado. Confiamos que, cuando planificamos con fe, su fidelidad se encuentra con nuestros planes para guiarnos a una mejor historia. Así que saca tu libreta y comienza a darle forma al camino hacia el futuro y ve tras él.

CAPÍTULO 13

MONITOREA EL PRESENTE

Si ya estás en este punto del libro, es posible que sientas algunas de estas cosas:

- Cuando comenzaste el libro se sentía tan grueso del lado derecho y era como un camino sin recorrer. Ahora sientes que el libro es más grueso del lado izquierdo por todo lo que has recorrido. Cada vez que le haces una orejita a la página o usas un marcador, mides cuánto te resta para completar un capítulo, una parte o el libro completo. Eso es emocionante porque al principio se sentía lejos, pero ahora sientes que vas progresando. Ahora, terminar de leer el libro se ha convertido en una meta. Cada vez que sube el número de páginas y el número de capítulos, las endorfinas en tu cerebro se disparan como locas porque sabes que estás cerca de alcanzar un logro. Probablemente,

> a estas alturas, estás tentado a brincar estos capítulos y decir que terminaste, pero parte de ti no te lo permite. Lo más seguro es que apenas te puedas concentrar en lo que te estoy diciendo; solo quieres terminar. No te preocupes, prometo hacer que valga la pena tu tiempo.

¿Qué es lo que te está empujando a seguir leyendo para llegar a la meta? ¿Por qué cuando uno comienza un libro se siente un poco maratónica la encomienda, y cuando vas terminando es una carrera hacia el final?

Resulta que leer un libro, al menos en formato físico, es un proceso constante de monitoreo del progreso. Cada vez que pasas una página estás midiendo cada paso que vas dando hacia adelante. Al principio no parece que vas progresando, pero las páginas no mienten. En cualquier otra meta, digamos... ponerte en forma, tu mente te va a mentir en cada paso que des. Te dice que estás perdiendo el tiempo, que no ves progreso ni lo verás, o que estás haciendo el ridículo. Cuando lees un libro, la mente te podrá mentir antes de comenzar, pero no puedes negar que estás avanzando porque el progreso se ve a simple vista.

Si midiéramos el progreso de todas nuestras metas o hábitos, de la misma manera que vemos el progreso cuando leemos libros, dejaríamos muchas menos metas sin terminar. De eso trata la idea de monitorear el presente con nuestra libreta. Todo se puede medir y monitorear. En la medida que vamos monitoreando nuestro progreso, nos vamos animando a seguir adelante e identificando cualquier cambio que debamos hacer para avanzar.

Cuando vamos documentando cada dólar ahorrado, cada kilo perdido, cada milla recorrida, cada día que cumples con tu hábito, cada día que tomas control de tu ánimo, cambia por completo la manera en la que atacamos el día a día de nuestros hábitos y nuestras metas. Quiero mostrarte algunos cjemplos e ideas de cosas que puedes monitorear con tu libreta. Presta atención a cómo cada ejemplo muestra tu progreso de un solo vistazo. Cuando ves el progreso de una sola mirada, ocurre el mismo fenómeno que ocurre con el libro: tu mente no puede decirte que no estás progresando, porque tu libreta no miente.

MONITOREA TU TIEMPO

Esto no es necesariamente algo que se deba hacer toda la vida, pero sí es una buena herramienta diagnóstica para saber en qué actividad se te va cada hora y si tus actividades aportan a tus metas. Una estudiante tenía en su visión de futuro estar más presente con su familia. Cuando ella comenzó a monitorear su tiempo, se dio cuenta de que se estaba llevando mucho trabajo para su casa y eso le estaba consumiendo tiempo de familia y la estaba cargando emocionalmente. Lo próximo que hizo fue monitorear cómo ella usaba el tiempo en el trabajo e hizo los arreglos para

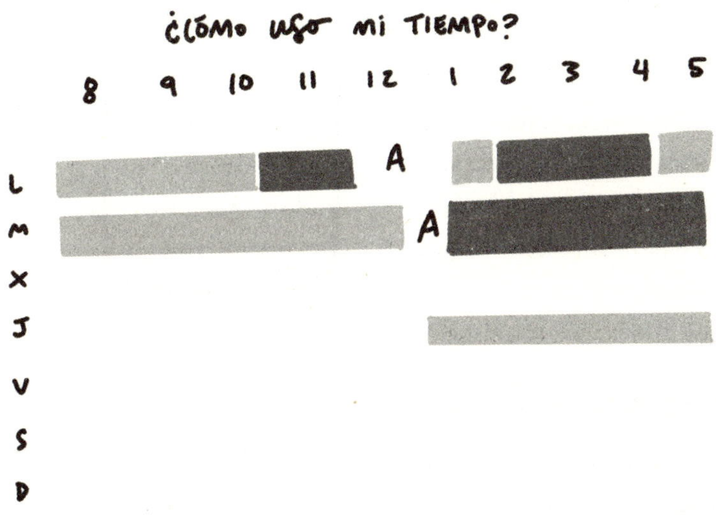

poder ser más productiva en sus horas laborales y minimizar el tiempo de trabajo en la casa.

Usa vistas como estas cuando necesites hacer tiempo para algo importante o algo nuevo. Monitorear tu tiempo y vence la mentira cuando tu mente te dice: «No tengo tiempo». Así que, si sientes que se te va el día y no has logrado hacer nada de lo que te interesa ver en tu vida, monitorea el tiempo y, muy probablemente, vas a encontrar el hueco que buscas.

MONITOREA TUS AHORROS

Digamos que tienes una meta para ir liquidando deudas o ahorrar cierta cantidad de dinero para el final del año. Una vista como esta te puede ayudar a ver cómo va creciendo tu recipiente cada mes. Sacar dinero aparte para pagar o ahorrar, suele doler al principio, o al menos mientras se desarrolla la disciplina. Cuando vas monitoreando con tu libreta, cada vez que vas coloreando o marcando tu progreso, lo que parecía difícil se hace más emocionante.

MONITOREA TUS HÁBITOS

Desarrollar nuevos hábitos es interesante porque al principio es difícil inyectar una conducta en tu rutina hasta hacerla casi por instinto. ¿Recuerdas cuando tu mamá te hacía lavarte los dientes cada día? Seguramente tu madre ya no tiene que llamarte a tu casa para que te cepilles los dientes porque lo haces automáticamente. Pues cuando usas estas vistas para monitorear tus hábitos, puedes hacer una rutina y ver cómo vas logrando ser fiel a tu nuevo hábito cada día.

MONITOREA TU BIENESTAR

Cuando vivía solo en Orlando, una de las cosas que tuve que aprender a hacer era cuidar mi bienestar. En general, siempre he tenido buena salud, pero necesitaba cuidar algunos hábitos que podrían afectar mi salud física y mental. Cuando uno lleva toda su vida sin pensar cómo cuidarse a uno mismo, es necesario ser intencional con las decisiones que vas tomando contigo mismo.

Yo usé vistas parecidas a estas para motivarme a tomar mejores decisiones como: tomar más agua, hacer ejercicios, descansar, mantener mi refrigerador abastecido y hacer un balance entre el tiempo de ocio y el tiempo de creatividad.

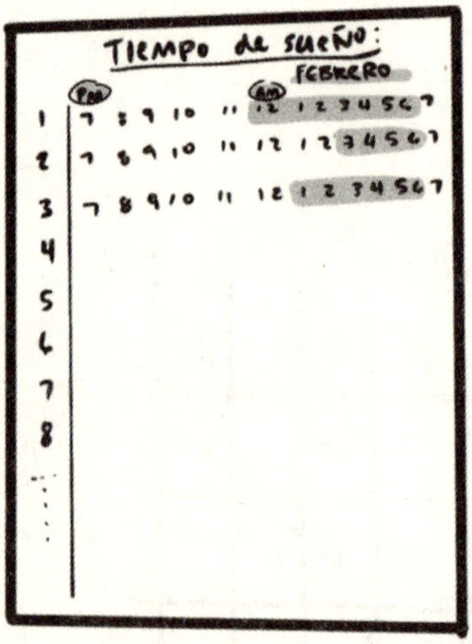

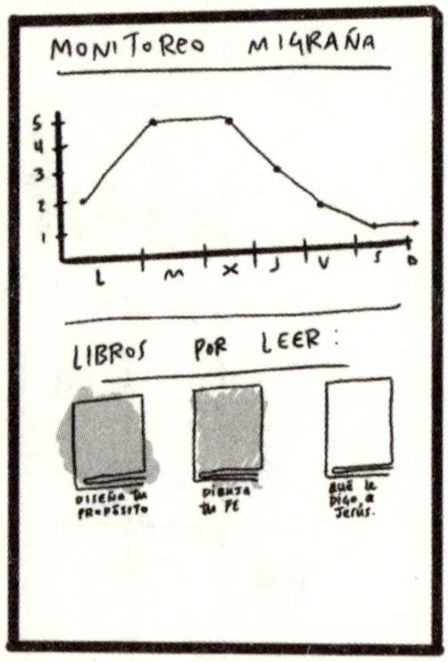

Una de las vistas que incluí aquí es la lista de libros que quiero leer. Primero la incluí porque leer me hace feliz y me gusta aprender, así que es un buen listado para mi bienestar. La otra razón por la que menciono esta vista es porque quiero que veas lo sencilla que es una lista sencilla. Algunas de las vistas que te estoy mostrando pueden ser muy creativas para tu gusto. Eso está bien. Fíjate que puedes monitorear cualquier cosa con vistas llenas de dibujos y diagramas o con una sencilla lista.

Monitorear tu progreso en las cosas que son importantes para ti es un hábito en sí mismo. Eso significa que puede tomarte algun tiempo acostumbrarte. Pero estoy seguro de que esto puede ser un proceso práctico y divertido para lograr las cosas que van a hacer que tu vida tenga más significado. Monitorea tu progreso con la data de tus acciones intencionales, es decidir, no dejar tu éxito a la suerte. Recuerda, el corazón es engañoso, pero la data que anotas en tu libreta no miente.*

*A menos que escribas data falsa, pero aun así, cuando mires tu libreta, vas a saber que no es cierto, así que tu libreta siempre te dirá la verdad.

CAPÍTULO 14

REFLEXIONA EN EL PASADO

Uno de los artículos más atesorados por mí y por mi mamá es la Biblia de mi abuelo. Desde que era pequeño a mí me fascinaba la Biblia de mi abuelo, porque casi cada página estaba completamente rayada con notas y apuntes sobre los pasajes que él leía. Yo creo que él sembró la semilla que eventualmente se convirtió en mi libro *Dibuja tu fe*. Cuando era pequeño, para mí era hipnotizante ver a mi abuelo escribir en su Biblia, era como si tuviese una conversación con Dios. Pero ahora, 20 años después de su partida, ver su Biblia es una reliquia. Cada vez que leo un pasaje, tengo la oportunidad de leer las ideas de mi abuelo y lo que Dios le hablaba a su corazón en aquellos momentos. Era impresionante ver cómo alguien iba ganando sabiduría delante de tus ojos. Leer la Biblia de mi abuelo es como tener un estudio bíblico con alguien que ya no está conmigo, pero sus ideas y su sabiduría continúan inspirándome como cuando era niño.

Yo he visto videos donde sale mi abuelo. Yo estaba en muchos de esos videos. Claro, son recuerdos valiosos que refuerzan mi memoria de eventos que viví con mi abuelo por 18 años de mi vida. Pero leer sus notas hechas a puño y letra es, mis amigos, un portal a los momentos a solas con Dios que moldearon la vida y el carácter de mi abuelo.

Hay mucho valor en tomar nota de las cosas que has vivido. Lo primero es que te permite recordar, no solo un evento, sino dónde estaba tu corazón. Cuando caminamos con Dios, codiseñando nuestra vida en cada paso, es difícil darnos cuenta cuánto vamos madurando mientras confiamos en Dios. Repasar lo que escribimos nos recuerda que, poco a poco, vamos creciendo hacia lo que Dios dice que somos.

Hay otro valor enorme en sentarnos a reflexionar con lápiz y papel sobre nuestro caminar. Cuando nos sentamos a escribir, tenemos la oportunidad de pensar, reflexionar, opinar y orar. Estos son los momentos donde vemos a Dios enderezar nuestro camino. Cada nota en nuestro diario es una oportunidad de ser guiados por Dios a través de nuestro propósito.

Reflexionar con lápiz y papel es una manera práctica de llevar cautivo nuestros pensamientos a la obediencia a Cristo (2 Corintios 10:5). Mientras los pensamientos vagan por tu mente, te atormentan, te halan y empujan en mil direcciones y aparecen en los momentos menos oportunos. Los psicólogos recomiendan a los pacientes que sufren de depresión y ansiedad a escribir en sus libretas para poder ganar control de las emociones que los agobian.

Una vez, Maritza estaba leyendo algunas entradas en mi *journal* (diario-agenda) y me dijo: «Me gusta como tú mismo regulas los pensamientos que te agobian». Al principio no entendía lo que quería decir, pero me mostró una entrada donde escribí unas dudas que tenía y las inseguridades que causaban en mí. En la siguiente oración, yo mismo escribí otras ideas que traían consuelo a mi inseguridad y a mis dudas. Yo creo que escribir para reflexionar te da una mejor perspectiva para mirar tus pensamientos. Cuando vemos nuestros pensamientos desde «afuera», los sucesos de nuestro día y las decisiones que tomamos, podemos tener una mirada más objetiva y misericordiosa de nuestro caminar para movernos hacia adelante en nuestra vida.

Dicho esto, vamos a ver algunas ideas que me gustaría compartirte para inspirarte a reflexionar en tu pasado para tener más claridad en tu camino hacia el futuro.

RETROSPECTIVA TRIMESTRAL

Cuando planificamos nuestras metas y acciones concretas, sugerí hacer una vista trimestral. En este caso, vamos a usar esa vista para reflexionar en ella con un ejercicio de retrospección.

La ventaja de hacer un ejercicio de retrospección para evaluar tus pasados de 3, 6 o 12 meses de tu vida es que te permite hacerlo de una manera objetiva. Seamos honestos, no siempre las cosas salen como planificamos. A veces esos cambios de planes son parte de la dirección de Dios, pero otras veces es debido a que nos quedamos cortos ejecutando nuestras metas. Es fácil frustrarnos cuando nos quedamos cortos. La frustración provoca que nos ataquemos emocionalmente hasta que nos descartamos de la carrera. No te descartes de la carrera; mejor ten un momento de retrospección, tómate un helado y sigue hacia adelante.

Cada vez que hagas un ejercicio de retrospección, utiliza estas tres palabras: detente, continúa, comienza.

Detente: ¿qué cosas no han funcionado como pensabas? ¿Qué cosas debes detener para obtener mejores resultados? Este es el momento de evaluar con una mirada compasiva las cosas que hiciste que de una forma u otra sabotearon tu progreso. También puedes evaluar qué cosas Dios te ha ido señalando a modo de cambio de dirección o enfoque.

Continúa: al final de estos tres meses, ¿qué cosas te han ido bien? De esas cosas que te han ido bien, ¿qué deberías seguir haciendo para obtener buenos resultados?

Comienza: este es un buen momento para que consideres comenzar a hacer cosas diferentes o pensar en formas nuevas de hacer las cosas. ¿Qué cosas puedes comenzar en el próximo trimestre para dar pasos hacia la visión que Dios te ha dado?

En el repositorio de recursos de este libro (donde puedes escanear el código al principio del libro) puedes ver una clase en video sobre cómo hacer retrospectivas de manera creativa. Ese recurso es una buena idea que puedes hacer por tu cuenta o para facilitar un taller con tus jóvenes o grupo pequeño.

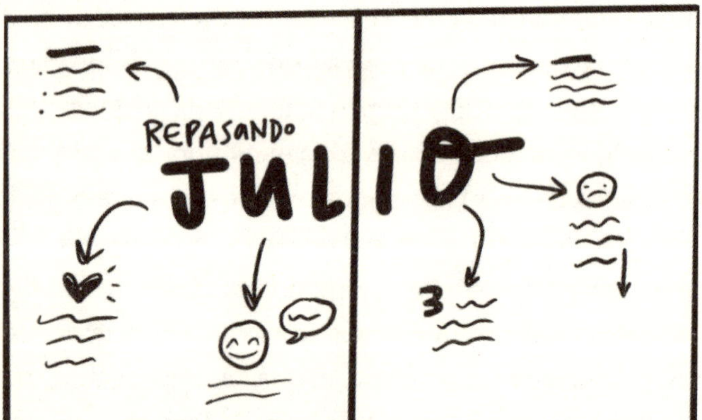

DESTACADOS DEL MES

Esta vista me gusta mucho porque ancla las cosas interesantes que han ocurrido en tu día, tu semana, tu mes, etc. Esto es un buen espacio para escribir momentos interesantes durante el mes, situaciones retadoras, lecciones aprendidas, hasta citas de personas que han dicho cosas memorables durante ese mes.

ALGUNAS PREGUNTAS PARA REFLEXIONES DIARIAS

Si es algo que deseas hacer, escribir una reflexión diaria es una herramienta intensiva para meditar y orar. Por lo general, cuando pensamos en un diario, pensamos en que hay que completar una página entera con sucesos emocionantes que vivimos en el día. Pero cuando nos enfrentamos a varios días donde ocurre lo mismo una y otra vez, mantener un diario se vuelve tedioso y hasta acusador por no tener una vida más fantástica. Si buscas en internet, podrás encontrar miles de sugerencias que te bastarán para escribir algo nuevo cada día de tu vida. Yo te voy a dar unas sugerencias que puedes usar para escribir algo valioso cuando sientas que no tienes nada valioso que aportar.

«Algo curioso que vi hoy». Hay detalles que ocurren en el día que pasan desapercibidos: cosas que comimos, cosas que vimos en la calle, lo que vestimos, lo que escuchamos. Cuando pensamos en cosas curiosas que vivimos en el día, podemos traer a la memoria pequeños detalles que nos ayudan a pensar.

«Gratitud». La gratitud nos ayuda a darle un giro positivo a las cosas. Hay veces que pensamos que no nos ha ocurrido nada digno de gratitud, pero con el tiempo nos damos cuenta de que las cosas que etiquetamos como negativas dieron pasos a cosas positivas. Nuestra gratitud no siempre tiene que nacer de lo que vivimos hoy, pero podemos reflexionar en cosas del pasado que han aportado cosas buenas en el presente.

«Si fuera a vivir este día de nuevo». ¿Qué harías diferente si fueras a vivir el día de hoy nuevamente? Si todos los sucesos fueran iguales, ¿qué harías diferente? Este ejercicio te va a recordar que, aunque no podemos volver en el tiempo, en la vida tenemos oportunidades para reaccionar a situaciones similares de manera diferente. Otra cosa que nos enseña es que no podemos cambiar lo que ocurre a nuestro alrededor, ni lo que harán otras personas, solo podemos cambiar nuestras reacciones. Aún haciendo todo bien, no hay garantía de que los demás actúen diferente, pero nos llevamos a paz de saber que hicimos lo mejor que pudimos.

De la misma manera que presentamos nuestros planes a Dios para que se haga su voluntad sobre ellos, presentamos nuestras acciones a Dios para que nos dé fuerzas para seguir adelante o sabiduría para arrepentirnos y... bueno... seguir adelante.

CAPÍTULO 15

UN CAMINO IMPERFECTO

Al principio de este libro te hablé del vecino de mi abuela. ¡Aja!, prueba sorpresa de comprobación de lectura ¿Cómo se llamaba el vecino de mi abuela? Te mencioné que cuando él murió, muchas personas solo pudieron decir: «¡Ay, bendito!» y eso fue el catalítico para mi creencia que vivir es mucho más que existir.

En cierta manera, este libro y mi vida son una reacción a la muerte del Bolo. Cuando vemos muertes como la del Bolo, nos hace pensar en cómo podemos vivir para que nuestra vida y nuestra muerte importen. Este libro resume mi misión para lograr eso, junto con lo que he aprendido.

Si has llegado hasta aquí, aprovecho para decir la famosa línea de todos los que predicamos desde un púlpito: «Con esto termino», seguramente has visto buenas ideas que te ofrecen claridad para vivir a propósito. Pero estoy seguro de que también te has dado cuenta de una realidad que podría ser decepcionante: es mil veces más fácil hacer todos estos ejercicios en un papel que vivirlos. Yo lo sé, si a mí mismo me ocurre y soy el que los está enseñando.

El perfeccionista en nosotros descartaría todo lo que ha visto en este libro. Parece imposible tener el nivel de disciplina necesario para actuar sobre todo lo que dice este libro cada día de tu vida. La vida nunca es tan perfecta como se plasma en un papel. La vida es caótica, pero eso está bien porque a Dios nunca le ha asustado el caos, todo lo contrario, el caos es donde su creatividad sobresale y eso es lo que quiere manifestar este libro. El hecho de que nuestra vida tenga abundancia de caos y errores no significa que estás condenado a vivir una vida que pasa desapercibida. Hay otra muerte que también marcó mi vida y también presenta una idea muy importante para los que queremos diseñar nuestra vida alrededor de nuestro propósito, la muerte de mi papá.

Contrario al vecino de mi abuela, la muerte de mi papá provocó el llanto de muchas personas, mucho después de su velorio. Mi padre era psiquiatra, y aunque medicar a sus pacientes era una parte importante de su práctica, algo que tenía mucho valor para él era estar presente en cada conversación con sus pacientes. Mi papá decía que él «no atendía pacientes con un número de "registro", sino que atendía personas con una historia». Y nunca le di mucho por lo cual pensar a esas palabras, hasta que, años después de su partida, personas extrañas me paraban en la calle para preguntarme si yo era su hijo y se echaban a llorar cuando les decía que sí.

Todavía llevo puesta en mi cuello la cadena que él siempre llevaba puesta para acordarme de que alguien dejó un legado hermoso en mi vida que repercute hasta el día de hoy. La vida de mi padre me emplaza a querer vivir mi vida de una manera que honre, no solo su legado, sino también la persona que él sabía que yo podía ser. Mi papá me enseñó lo que es la gracia de Dios. Mi papá me vio graduarme de ingeniería y me vio comenzar esa carrera. Nunca tuvo en sus manos mis libros o llegó a escuchar mis mensajes como los hago ahora, pero yo creo que él vio todo eso mucho antes de que yo osara en aspirar a alcanzar estas cosas. Él siempre me decía: «Tú no tienes que hacer nada para ser, ya tú eres». ¿Y sabes qué? Tenía razón, todo lo que tenía que hacer es ir madurando hacia lo que soy. Desde pequeño me gustaba comunicar y añadir algo en la vida de los demás. Nunca hubo en mí duda que podría hacerlo, ¿sabe por qué? Porque soy hijo de mi padre, y si él podía comunicar esperanza y alegría, yo también lo puedo hacer.

La gracia de Dios funciona de la misma forma, nosotros no necesitamos hacer algo para ser hijos de Dios; ya lo somos por Cristo. Dios nos ve y nos dice: «No tienes que hacer nada, ya tú eres». Tu vida es capaz de hacer una mella en este mundo. Tú tienes la capacidad de ser luz en la oscuridad de otros, no por lo que haces, sino por quien es tu papá. Dios es tu papá y te invita a participar de lo que él sabe hacer. Mientras participas, tu padre celestial te seguirá capacitando y formando para que crezcas en quien tú eres: hijo del Dios viviente.

La vida de mi papá importó tanto que su influencia se ve en la vida de muchas personas hasta el día de hoy. La vida de mi papá importó tanto que catapultó la mía, y muchas personas lo ven a él cuando me ven a mí. Yo creo que mi papá logró ser imagen y semejanza de Dios con su vida, pero la vida de mi papá fue sumamente imperfecta.

Mi padre cometió muchos errores. Muchos de esos errores me causaron mucho dolor a mí y a mi familia. Sus errores causaron que lo perdiéramos apenas a sus 55 años de edad. Sus errores me causaron mucho coraje y tristeza que tardaron años en ser sanados. La vida de mi papá no siempre se parece a la vida de alguien que diseña su propósito al pie de la letra. Estoy seguro de que si mi papá hubiera hecho el sistema CREAR conmigo, lo que hubiese puesto en el papel se hubiese visto diferente a la vida que tuvo. No porque mi papá era soberbio o malo, sino porque era un ser humano y no era perfecto. Aún así, él siempre supo tener claro cuáles eran sus roles y trató de darles prioridad como mejor pudo. Él era una persona guiada por sus valores y eso le ganó mucha influencia. El (junto con mi mamá) nos capacitó como mejor pudo porque tenía una visión de cómo quería ser como padre.

La razón por la que te comparto todo esto es para darte la libertad de saber que no eres perfecto, pero aun así puedes tener una vida con una trascendencia hermosa. Lo que quiero ofrecerte con este libro es una herramienta para que tengas la claridad para ser intencional con el legado que dejas en tu vida.

Quizás cometas muchos errores. Eso está bien. Quizás no hagas o uses todo lo que te compartí. Eso está bien. Quizás hoy uses algunas herramientas y mañana no las uses tanto. Eso está bien. Lo importante es que de una manera u otra este libro aporte sabiduría a tu vida. Mi oración es que puedas tomar al menos una decisión intencional que añada al propósito de vida y relevancia a tu legado.

ESTÁ EN TU ADN

Cuando Dios nos creó, junto con su esencia y las áreas de plenitud, puso en nuestro instinto una encomienda: «… Sean fructíferos y multiplíquense…» (Gen 1:28). Este pasaje colocó en tu esencia, no solo la capacidad de tener hijos, sino también la necesidad de vivir con un propósito. Todos queremos participar en la construcción de nuestro futuro colectivo. Es por eso que por mucho tiempo te has preguntado si tu vida tiene algún significado. Por esa razón has asociado tu identidad con lo que puedes hacer o alcanzar. Por eso sientes ansiedad cuando sientes que estás esperando por un propósito que no llega.

Cuando cierres este libro, confío en que puedas hacerlo con confianza, libertad y determinación. Espero que mires tu propósito, no como un misterio que Dios quiere que resuelvas para darte su amor, sino como una invitación a participar con tu vida.

Usa los recursos en línea que ofrecemos a lo largo del libro para que puedas aplicar los ejercicios y seguirlos a tu ritmo.

Si deseas, adiestrarte para ayudar a otros a diseñar su propósito, puedes anotarte en los talleres de capacitación que llevamos a cabo durante el año. Al final recibirás las herramientas para guiar a otros y, además, un certificado.

Si entiendes que necesitas ser guiado para tener claridad para esta etapa de tu vida, puedes agendar una conversación conmigo u otros guías capacitados.

Ahora es tu turno de participar del propósito que Dios tiene para tu vida.